楚尘
文化
Chu Chen

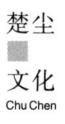

北京楚尘文化传媒有限公司 出品

观潮丛书

东洋的古代
从都市国家到秦汉帝国

［日］宫崎市定 著
［日］砺波护 编
马云超 张学锋 石洋 译

中信出版集团·北京

图书在版编目（CIP）数据

东洋的古代 /（日）宫崎市定著；（日）砺波护编；
马云超，张学锋，石洋译. -- 北京：中信出版社，
2018.7
　　ISBN 978-7-5086-8948-7

Ⅰ.①东… Ⅱ.①宫… ②砺… ③马… ④张… ⑤石
… Ⅲ.①中国历史－古代史－文集 Ⅳ.①K220.7-53

中国版本图书馆 CIP 数据核字 (2018) 第 097375 号

TOYOTEKI KINSEI by Ichisada MIYAZAKI and Mamoru TONAMI
Copyright © 2000 Kazue MIYAZAKI and Mamoru TONAMI
Originally Japanese edition published by CHUOKORON-SHINSHA, INC.
Chinese (in simplified character only) translation rights arranged with CHUOKORON-SHINSHA through Bardon-Chinese Media Agency, Taipei
Chinese simplified translation copyright © 2018 by Chu Chen Books.
All rights reserved.

东洋的古代

著　　者：［日］宫崎市定
编　　者：［日］砺波护
译　　者：马云超　张学锋　石　洋
出版发行：中信出版集团股份有限公司
　　　　　（北京市朝阳区惠新东街甲 4 号富盛大厦 2 座　邮编　100029）
承　印　者：北京华联印刷有限公司

开　　本：880mm×1240mm　1/32　　印　张：9.625　　字　数：176 千字
版　　次：2018 年 7 月第 1 版　　　　印　次：2018 年 7 月第 1 次印刷
京权图字：01-2018-3130　　　　　　　广告经营许可证：京朝工商广字第 8087 号
书　　号：ISBN 978-7-5086-8948-7
定　　价：58.00 元

图书策划：楚尘文化

版权所有·侵权必究
如有印刷、装订问题，本公司负责调换。
服务热线：400-600-8099
投稿邮箱：author@citicpub.com

目 录

001 / **中国古代史概论**
003 / 一 何谓"中国古代史"
010 / 二 中国历史的黎明
016 / 三 春秋时期的都市国家
027 / 四 战国时期的领土国家
032 / 五 秦汉古代帝国

043 / **东洋的古代**
045 / 一 序章
049 / 二 耕地的形态
055 / 三 大耕地的产生
063 / 四 大土地所有的形成
069 / 五 农业劳动者的身份
079 / 六 奴婢与臣妾
091 / 七 庶民的地位
103 / 八 结语

113 / 《史记·货殖列传》所见物价考
115 / 一 汉代的物价记录与《史记·货殖列传》
118 / 二 马牛羊彘的价格
132 / 三 鱼、木材、田地、谷物的价格
139 / 四 其他物价
143 / 五 《货殖列传》物价记录的译文与一览表

151 / 肢体动作与文学
　　　　——试论《史记》的成书

185 / 读《史记·李斯列传》
187 / 一 绪言
188 / 二 起承转结型
198 / 三 五篇上书的出处
205 / 四 赵高和三个仇人的故事
215 / 五 荀子和他三个弟子的故事
221 / 六 结语

229 / 《史记·伯夷列传》新译
　　　　——中国为个人自觉而生的第一人

241 / **我的中国古代史研究**

246 / 一　都市国家

250 / 二　姓与氏

253 / 三　聚落

257 / 四　里

261 / 五　古代史特有的发展进程

267 / **中国制度史研究**

269 / 一　古代中国的赋税制度

272 / 二　关于晋武帝的户调式

273 / 三　唐代赋役制度新考

276 / 四　科举

277 / 五　九品官人法研究

280 / 六　何谓"中国制度史"

283 / **解说**（砺波护）

297 / **译后记**

中国古代史概论

一　何谓"中国古代史"

说到什么是"古代史",我认为,古代史不仅仅是笼统地指古时候的历史,而应该是指具有"古代史特征"的历史发展过程。那么,所谓"古代史特征的历史发展过程"又是指什么呢？对于这个问题,我的回答是：起初分散的人类,逐渐被大范围地统合起来,最后形成所谓古代帝国那样的强大的人类共同体,这个过程就是"具有古代史特征的历史发展过程"。

人类的文化,依靠合作而发展。合作的范围愈广,合作的方式愈密切,合作就愈见成效。通过合作来改善生活,不仅人类社会如此,动物世界也是如此。不过,只有人类发明了语言这种传达思想意志的方法,以后更是发明了文字,互相之间能够传授知识,并且将这些知识传之子孙,所以实现了其他动物无法完成的大范围的合作。我认为,在考察历史发展进程的时候,不能忽视数量上的评价及程度上的意义。猫凑上三只，也只不过是一只猫的三倍，但是，人却不然。俗话说，三个臭皮匠顶个诸葛亮。三个人的合作，其结果应该是三个人的力量再加上一个"α"。合作的人愈多，合作的方式愈密切，这个"α"也就愈大。因此可以说，人类的历史就是这个"α"增大的历史。

人类建立的最早的社会共同体是氏族。然而，从历史学的角度来看，氏族制时代是人类有史以前的社会组织，因为关于氏族制时代的历史，很少有当时人自己留下来的记录。此后，氏族制逐渐发展成为都市国家。我们所说的都市国家，是对西方语言"polis"的翻译，不能因有"都市"二字就把它与近代的城市混淆起来。至于都市国家到底是一种什么样的社会组织，坂口昂博士在其《希腊文明在世界史上的影响》一书的第25页以下部分，已经给了我们明确的概念。它是指许多氏族协同起来，密集地居住在有城墙围绕着的都市国家（polis）里面，过着集体的生活；都市的郊外原则上无人居住，市民每天早晨到郊外的土地上去耕作劳动，夜晚回到城内欢乐地过集体生活。因此，其领土的广狭自然就受到限制，不能过大。耕地越是靠近城墙，耕作就越是便利。在中国也有"负郭之田"的说法。各国的领土既然狭小，登上一国的城墙有时甚至可以望见邻国的城墙，因此，在中国的语言里就产生了邻国之间"鸡犬之声相闻"的说法。

都市国家的市民爱国心极强，他们之间的紧密团结与合作促使文化发达。当时的战争方式非常残酷，由于战争一旦失败，全体市民将会沦为别国的奴隶，因此，他们在与邻国的战争中作战英勇，乐于献身。都市国家高大而坚固的城墙便于监视奴隶。这种奴隶制度，虽说是由强制造成的，但却是人类合作的一种形式。在战争中处于相对弱势的国家经常请求别国的援助，因此，都市国家往往不会单独产生，而是成群地建立起来的。从而，一个国家与另一个国家的战争不久就会演变成一群国家与另一群国家之间的对立。由于一个国家很难单独凭自己的力量在生存竞争中取胜，所以总会纠合一些友好邻邦建立同盟，共同抵御敌国。然而，由于国力存在着差距，这种军事同盟的参与者未必能在同盟中获取平等地位，从而产生了保护者与被保护者之间的隶属关系。那些拥有许多被保护国，用今天的话来说就是拥有许多卫星国的便是霸者。在中国，霸者的任务之一也被看作是"兴灭国"。用西洋的例子来说，就好像是希腊的荷马时代，至于雅典和斯巴达对立的时代，则已经明显地表现出走向领土国家的倾向。

这种隶属关系长期继续下去，都市国家联盟就逐渐转变为以霸者为中心的领土国家。被保护国的外交全由霸者来支配，逐渐丧失政治上的独立，从而沦为仅在局部的政治方面被允许自治的地方团体。霸者把被保护国的领土全部合而为一，作为自己的领土进行统治。到达这个阶段，历史的发展即进入了所谓的领土国家时代。用西洋的实例来说，罗马与迦太基对立的时代就相当于这个阶段。

霸者是作为互相对立的同盟群的领导者而产生的，所以它不是单一的，从而领土国家也以复数的形式出现。这时，领土国家之间的战争便不可避免，于是，昔日的那种同盟和攻伐又重复出现。最后，一个强有力的国家在战争中胜出，拥有没有对立者的广大版图。达到这个阶段的，我们称之为古代帝国。拿西洋的例子来说，征服了地中海沿岸的罗马共和国及其以后的帝国时代，即相当于古代帝国阶段。

以上主要是以西洋历史为对象构建的一种典型例子，不能说世界上任何地方的古代史都是按照这个顺序发展的。然而，在中国，可以说大体上也经历了相似的历史过程：商代到春秋时期大体上是都市国家对立的时代，统一了战国七雄的秦与继承秦的汉，则相当于古代帝国。

随之而来的问题是，这样的古代史的发展与人类文化的发展，两者之间又有着怎样的关系呢？在这方面起重大作用的，还是金属。金属在世界上发现于何地、何时，又如何传播到各处，都还不十分清楚。但是，许多考古学家共同的推测是，青铜和铁都是西亚人发现的，然后再从这里向四处传播，使各地相继进入青铜器时代和铁器时代。文化的传播需要时间。青铜器时代的开始时间，在它的发现地最早，在被传播到的地方较晚，这是必然的结果。但是，传播所需的时间，青铜器和铁器并不一样，铁器

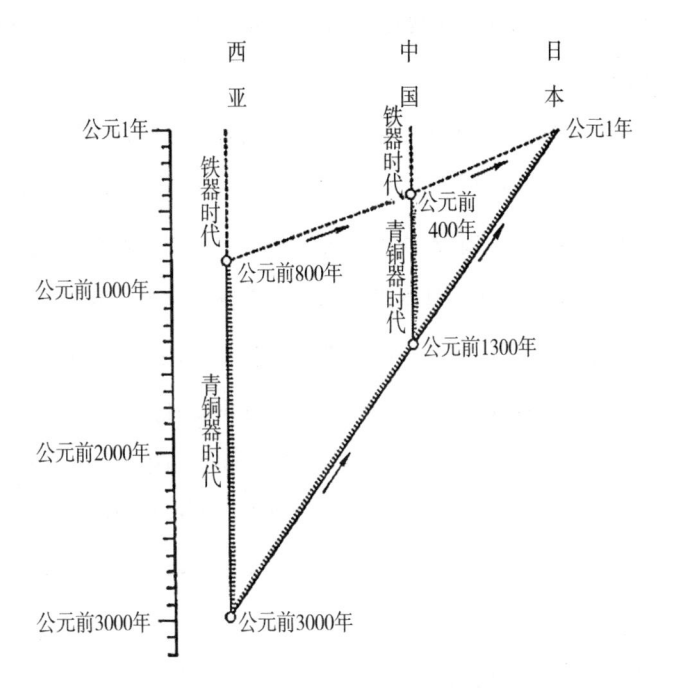

```
                    西   中   日
                    亚   国   本
公元1年                  铁
                 铁      器
                 器      时
                 时      代
                 代      ○公元前
                        400年
公元前1000年       ○公元前800年
                        青
                        铜
                        器  ○公元前1300年
                 青      时
                 铜      代
                 器
                 时
                 代
公元前2000年

公元前3000年       ○公元前3000年
```

的传播速度要比青铜器快得多。拿西亚的青铜器时代、铁器时代和东亚的青铜器时代、铁器时代进行比较，其情况有如上表。中国青铜器时代的开始可能还要晚一些，但今天我还是想暂且保留自己的想法。

我不是研究考古学的，所以在上面所列的极为粗略的年代表里也许会有错误。我想补充说明的是：有关金属时代的问题，除了金属是否出现的问题以外，还有金属在社会上是否已经产生功效的问题,而后一问题,特别对文化的传播来说是一个非常重要的问题。

上述内容图表化以后,我们可以看出一些新的情况。在很古的时代,西亚的青铜器文化逐渐向东方传播,铁器文化的传播比它晚得多,却以非常快的速度追赶了上来,两者同时到达的地方就是日本。因此,日本没有单一的青铜器时代,退一步说,即使有,它的时间也极短,这构成了日本古代史的一个特点。

此外还可以看到,中国虽然有青铜器时代,但是,比之西亚以及与其邻近的地中海各国,它的时间要短得多。单是这一点倒还没有什么,重要的是青铜器时代大体上是与都市国家的时代相对应,可以说两者的开始时间基本上是一致的,虽然我们还不清楚哪一方是因哪一方是果。青铜器时代的短促,也可以说就是都市国家时代的短促。一般说来,都市国家产生了"市民权"这个观念,建立在这个观念之上的极具特色的古典文化亦随之发展起来。但是,在中国的古代,这种文化的发展是不充分的。在考察中国古典文化的性质时,这是很重要的一点。

日本因为没有经历过青铜器时代,所以也没有出现过都市国家,而是从氏族制一跃成为领土国家,甚至建立起小型古代帝国。对本国历史上没有经历过都市国家的日本人而言,很自然地对都市国家表现出淡漠的态度。此外,一般说来,都市国家时期的战争多使用战车,中国的战车战术在春秋时期普遍使用,而一进入铁器时代的战国时期,骑马战术就流行起来了。没有经历过都市国家的日本,当然也就不曾存在过战车战术,而是一步跨入了骑马战术的时代。究其原因,这绝非地势狭窄的缘故,比日本地势更狭窄的希腊,不也普遍采用过战车战术吗?日本的古代史越过了都市国家和战车战术的阶段,这同时也意味着古典文化的不发达。于是,日本人就把中国的古典借过来作为自己的古典,但可惜的是中国的古典文化也并未发展到相当的高度,因此,我认为这就是东方世界命运不幸的一个原因。

说到这些,也许有人要批评我,说这是一种过于公式化、简单化的思维。但是,并不是我想简单化。我认为,如果不以上述的图表结构为基础,则世界历史的体系永远也建立不起来。为了建立世界历史的体系,必须探讨曾经存在于许多地区而非存在于个别地区的历史现象,仅仅用日本发生过的现象来说明日本的历史,其结果必然会是以日本说明日本,拿日本来理解日本。同样,如果以中国说明中国,以西洋说明西洋,那么,由这些地区的历史拼凑起来的结果,依然无法建立起世界历史的体系。想要探讨未曾经历过的历史,这确实颇费心血,在这一点上,我想劝告日本史的研究者进行深刻的反省,因为在日本的历史上,未曾经历过的事情特别多。另外,因为外国曾经有过所以认为日本也应该有,这样的逻辑同样也是行不通的。我希望,不要把自己未曾经历过的事情就此弃而不顾,我们应该更多地去思考之所以未曾经历那些的原因及其结果。

二　中国历史的黎明

关于中国文化的起源，很早就有许多西方学者提出假设，认为中国文化起源于西方。其代表人物是拉古伯里（Terrien De Lacoupérie），他于1894年出版的《早期中国文明起源于西方论》（Western Origin of the Early Chinese Civilisation）一书，在学术界曾轰动一时。其使用的方法是，在西亚象形文字与汉字之间寻求类似之处，从而论证汉字起源于西方；然后又论及古代传说，试图把黄帝等古代帝王的名字与西方的帝王或神祇一一对应。这种观点，与前一个世纪西方学者的惯用思考模式一样，是以西方民族迁移到空无一人的中国或者优秀的西方文化传播到完全没有文化的地区为前提的，这完全忽视了从石器时代以来人类就广泛分布于世界各地、已经形成了不同社会集团的事实。拉氏的假设根本就是非常牵强的，其中关于文字和传说的比较，也因其对中国文化的认识不够充分而很快成为过去式。

然而，近年来考古学研究所取得的成果，又让我们不得不从另一个角度来重新思考中国文化起源于西方这一观点。这是因为，在金属文化传播之前，曾经有过一段彩陶文化传播的时期，这一事实已经被证实。彩陶是早于金属时代的石器时代的一种文化遗存，广泛分布于西亚到南俄地区，并一直传播到遥远的中国。最早确认中国存在彩陶的是瑞典学者安特生（J. G. Andersson），他著有《甘肃考古记》（*Archaeological Research in Kansu*）。嗣后，日本方面也在辽东半岛的貔子窝进行了发掘。此后，彩陶在各地均有陆续发现，广泛存在于中国的北方地区。除此之外，以今山东一带为中心还存在着一个黑陶文化圈，二者的交接点就是殷墟。彩陶在最下层，其次是黑陶，白陶在最上层。白陶被认为是商代文化遗存，而商代则已进入青铜时代。

然而，仅仅依据这一个例子，还难以断言彩陶最早、其后才有黑陶。考古发掘在国土广袤的中国尚未完全展开，不知道将来还会有什么样的发现。做一个大胆的推测：今山西省南部有著名的解县（今属山西省运城市）盐池，这附近是传说中夏朝及更早的尧、舜的都邑所在，是中国最早最著名的地方；食盐与文化之间有着密切的关系，盐在古代各地都发挥着货币的功能，中国最早的货币性物资也应该是盐；[一] 所以我认为，解县盐池附近应该是中国文明最早的发祥地，但因尚未得到考古学的证实，目前还不能肯定。

基于现有的考古学研究成果，目前所能得出的最稳妥的结论是：殷商兴起于黄河以南的黑陶文化圈，它往北越过黄河，与彩陶文化圈发生接触，从而知道了可能是与彩陶文化同时传来的金属器，于是就在这一带建立起了都市国家，其势力以今河南省北半部为中心,向四周扩展,并达到相当广阔的范围。

据传殷商曾屡次迁都,这恐怕是由于黄河水灾的缘故。本来遭受水灾的土地是很适宜农耕的,殷商既要得到黄河的利益,又想寻找安全的地方,因此屡次迁徙,最后在安阳(今河南省安阳市)的殷墟一带定居了下来。

殷人的四面都有敌人,而出现在西边今陕西省渭水盆地的周人,则是他们最强的敌人,可能是因为周人的文化比殷商落后,因此具有野蛮人的战斗力。解县附近的盐池,恐怕是这两个民族重点争夺的对象。殷与周之间进行了长期的反复的殊死争斗,这在古代传说中也多有记述,最终殷人战败,被周人征服。传说这是周武王建立的伟业,一般认为这场殊死的争战大约发生在公元前12世纪。

按照一般的说法,此后便进入了西周时代。西周的都邑镐京仍然位于陕西的渭水盆地。从武王算起传十二代,到幽王时被犬戎所攻灭,第十三代君主平王迁都于洛邑,以后便称东周。但是,在年代方面却难以令人信服,因为,在武王克商到平王东迁这漫长的年代里,几乎没有留下什么记录。虽然也有昭王南征而没于水、穆王驾马而西巡这一类故事,但这些故事都是孤立的,放在什么地方都可以。我把这段空白时期比之于日本开国传说中神武天皇到崇神天皇这一段时期。就日本的情况而言,因为近旁有一个先进国家中国,它已经进入了历史时代,所以尽管很简单,但中国的史料中却保留下了一些关于日本的记载,同时考古学领域的遗物也可用来进行比较,因此,这段空白就逐渐被填补了起来,从而把大和朝廷的成立年代逐渐往下移,把日本开国的年代推迟约六百年。这些目前已经成为常识。但是,在中国的近旁却没有可以与之比肩的文化先进国。西亚太远了,没有留下关于中国的记载。没有别的办法,只好根据中国的古文献进行互相参证,以填补这段空白。至于如何来做,目前我还在考虑之中,这里只想谈以下一点。《史记·周本纪》的末尾太史公曰:

<blockquote>学者皆称周伐纣,居洛邑,综其实不然。</blockquote>

直到司马迁的时代,一般的学者都相信周在灭殷以后就建都于洛邑。这样,所谓的西周时代也就不存在了。西周既然不存,则以关中为舞台的厉王到幽王期间的内乱也好,平王的东迁也好,在历史上就没有立身之处了。这个问题应该如何来解释呢?

根据我的想法,武王伐纣和平王东迁,同样都是周民族的开国传说,只是传说的系统不一样罢了。同一个民族,同一个国家,可以有两个以上的起源故事,这样的例子并不鲜见。既然有两个以上的传说故事,当然就会互相矛盾。为了调和矛盾,让二者并存,人们就不得不把它们安排成一前一后、中间留下一段很长的空白期。转换舞台,这是一种惯用的手段,其结果,开国之主就往往出现两个人。在这种情况下，通常被安排在较晚时期的那个比较接近事实，可信度较大；但是，被安排在较早的那个却往往反而被记述得更详细。我把后者称作前者的反映传说：反映传说虽然很热闹，很活跃，但却往往迂阔而不可凭信。

如果不囿于对学术界的通说进行教科书式的讲述，让我说出自己首肯的意见来，那么我的观点就是：所谓殷周革命，只是一种民族的迁徙。以今河南省为中心的殷民族，当时已经拥有相当发达的青铜器文化，进入都市国家的阶段，并且已经把周边的许多都市国家纳入了自己的保护伞下，使之成为卫星国。从西方入侵商朝的周民族，则是刚刚进入都市国家生活不久、在文化上相对落后的民族。周民族的中心部族虽已建立起了都市国家，但其周边的多数部族都还处在氏族制的阶段。正像后世唐代的回纥那样，虽然其中心部落已经过上城居生活，但其统辖下的许多同族部落却还过着游牧生活。周民族向东方扩展、征服殷民族的战争虽然需要相当长的时间，但不至于需要三百五十年之久。如果算它需要五十年，那么所谓殷周革命的年代就可以下推三百年，即大约在公元前九世纪。这是我的推测。

征服殷民族，并在此基础上确立周民族的主权，是一项艰巨的事业。传说上把这项伟大的事业归功于圣人周公。但是，周公这个名字，在这个特定的圣人周公以后，仍然不断地出现。说起来，"周"就是周围的周，宛如希腊都市国家的外墙。通常，在都市国家的中央还有一个被称作卫城（acropolis）的空间，卫城的周围也筑有保护它的墙，这道墙所围起来的空间被称作"城"。城的四围被街市所环绕，而街市之外还筑有一道墙，这道墙所围起来的空间则被称作"郭"。[二]就洛邑而言，中央的"城"被称为"王城"，周围的"郭"则被称为"成周"，而统理"成周"的人，就应该是周公。被称为"成周"的外郭城颇为雄壮，作为都市国家的"成周"，其本身似乎就被称为"周"。为了叙述上的便利，我在前面频频使用了"殷民族""周民族"这样的称呼，但是，在都市国家时代，每个都市国家各有其名，但却没有一个共同的国名，不得已才用"民族"这个词来称呼他们，这类似于希腊族（Hellenes）或蛮族（Barbarian）这样的称呼。当然，自称与被称往往不同，我不清楚当时相当于"殷民族""周民族"的名称是什么，或许自己称自己为"人"，而相互之间称"夷"或"戎"什么的亦未可知。

周民族在对殷民族的逐步征服过程中，在各个重要的地点陆续建立了都市国家。这些重要地点，恐怕在殷商时就已建有都市国家。在殷民族最后的根据地上建立的是卫国，据说"卫"字与"殷"字原本是同音字。周民族在扩展的最东端建立的都市国家是鲁国，最南端是随国。

在这些周系的各国之间，严格执行着传说由周公创立的封建制度，这种说法是否可信，也值得怀疑。周的王子们成为周民族新殖民都市国家的君主,这种可能性并不能排除,然而,周王统治的本国与诸侯统治的分国之间,难道真存在着后世所想象的那种君臣关系吗?我觉得他们之间恐怕只是一种不稳定的同盟关系而已。如果你相信西周历史是客观存在的那就另当别论,如果我们正视东周以后所谓王威衰替、诸侯跋扈的历史现实,那么我们就不得不如此断言:西周的所谓封建制度,从一开始就是虽有若无的东西罢了。

三　春秋时期的都市国家

大凡都市国家都具有保守和进步的双面性。一方面,保守的倾向是非常明显的,它们以从前的氏族制为基础,以祭祀为中心,力图将长久以来的族人结合体维持下去,这样就必然会固守既有的阶级差别。另一方面,都市国家的进步性又十分明显,这种进步性建立在都市国家市民自觉的基础上,他们把氏族制作为过去了的东西加以抛弃,跨越氏族制的旧形骸,以崭新的都市国家新生活为理想,力图建立起与从前完全不同的社会。支持前者的是有权势的上层人物,推进后者的是下层的庶民。

周民族具有与罗马相同的氏族制度。罗马是由三百个氏族(Gens)集合起来建立的国家,各个氏族又分为若干个家族(Familia)。因此,罗马的贵族除了个人的名字本名(Praenomen)

外，还有表示氏族的名字族名（Nomen）和表示家族的名字姓氏（Cognomen），合起来共有三个名字，普布利乌斯·科尔内利乌斯·西庇阿（Publius Cornelius Scipio）便是如此。一般情况下，男子用个人的名字和家族的名字，女子与此不同，仅用氏族的名字，如普布利乌斯·西庇阿（Publius Scipio）的妹妹则称科尔内利乌斯（Cornelia）。中国的姓相当于罗马的氏族，氏则相当于罗马的家族。所以，周的贵族也有三个名字，男子通常用个人的名字和氏的名字，女子与此不同，仅称姓。周、鲁、卫等国的君主各以国名为氏，而他们的姓则均为姬。因此，这些国家的女子都称"姬"，此后"姬"就逐渐成为泛称贵族女子的普通名词了。男子与此不同，如鲁僖公叫鲁申，即用了氏和个人的名字，而不称姬姓。[三] 同姓之间有不通婚的习惯。如果是姬姓，就要避开姬姓而与姜姓、姞姓等异姓联姻。"姓"这个字本身，以及姬、姜、姞等表示姓的字，多从"女"字旁，曾经有一些人提出这是母系氏族制度的遗风等说法，但事实并非如此，这无疑是由于女子称姓的缘故。庶民可能是被征服民族的后裔，正与罗马人一样，他们没有姓只有氏。

同姓集会或社交的场所是宗庙，集会的机会是对祖先的祭祀。这种集会是不让异姓参与的，带有很强的封闭性。当然，如果是君主的祭祀，则异姓的臣下也要参加，但他们只能处于末席。当时所用的祭器便是遗留至今的众多青铜器，祭祀的仪式就是"礼"。祭祀的过程中要献上牺牲,取牺牲的血来涂祭器,这便是"釁"。青铜器的表面雕刻着烦琐的饕餮纹、雷纹等装饰纹样,这能使"釁"的效果更加突出。有时则把战争中捕获的俘虏作为牺牲,把他们的血涂在祭器上。想到这里,便觉得青铜器所发出的孔雀翎般的蓝光并不是什么使人舒服的东西。

在这种氛围下举行的同姓集会或社交情景也大致可以想象。为了在集会时不致因席次等问题发生争吵,于是规定了上下的等级,这便是宗法。

除了封闭性的宗庙祭祀社交外,也有开放性的市民社交,这种社交是以市为中心展开的。不用说,市是布满店肆的特定的商业区,但它又不仅仅是事务性的买卖场所,同时也是娱乐、赶热闹等市民的社交场所和休憩场所。当然,有关春秋时期市的记载很少,但由于市的繁荣一直持续到后代,战国到汉代几乎没有太大的改变,因此我们可以依据后代市的记载来描述春秋时期的基本情形。战国时燕国的市上,荆轲令友操琴,且歌且泣。可见,市是市民凑集,各显技艺,尽情欢乐的娱乐场所。[四]

市虽然带有很强的庶民性,但当时的贵族阶级并不像后世那样与庶民完全悬隔,依然保留着作为市民的一分子而与市民平等的一面。齐国大臣晏平仲说自家离市近,很方便,这位俭朴的大臣也过着"待市而食"的庶民生活。就是齐国的君主桓公,也曾在窗下与造车的老车匠谈过话,这般浓烈的庶民气息,在后世是不可想象的。这种以都市为中心、带有古代市民特征的开放性生活，一直持续到了汉代。

任何地方都一样，学问首先伴随着祭祀发展起来。祭祀不是单纯的仪式，而是所谓的"祭事"，当然也包含政治在内。祭祀伴随着占卜，占卜产生了文字，文字也被刻在宗庙的祭器上，而掌管占卜、文字和记录的就是"史"。

占卜的方法，从烧灸龟甲兽骨据其开裂情况判断吉凶，发展到后来成为据蓍草是奇数还是偶数来判断吉凶的筮。信手取来的蓍草，在数数的同时，每两根交叉叠放在一起，排列成"×××"的形状，这种形状就是后来的"爻"字。最后剩下的若是偶数便是凶，因此"凶"字作偶数的两根蓍草残留在箱函中的形状。若剩下的是奇数便是吉，"吉"字的上部是"×"和"一"，其义在于"一"，"一"与"壹"同，"壹"的古音读作"吉"。

在学、教、校、黉等有关学问和教育的文字里都含有"爻"字，这是值得注意的。这证实了掌管爻，即掌管卜筮的史，同时也掌管着知识，与之相关的知识传授便是教育。我们可以分析一下"學"（学）字，字的上部是"🀆"，做双手操爻状，下部是"🀆"，做台下有孩子观看状。总起来说就是，孩子看着大人在台上操弄着爻，并向他学习，这便是"學"。若用"见"来代替"子"，则成为"覺"字，也就是记忆的意思。孩子的学习成绩提不高，就从旁用棍棒敲打，这样在"學"字旁加上表示手持棍棒

中国古代史概论　019

的"攴",便成"敩",简化后即成为"教"字。

文字和学问从封闭性的宗庙逐渐走向半开放,在"史"举办的私塾里面向大众。在有着屋顶"宀"的木构建筑物里排列爻的地方,这便是"校"。在众多的"史"中,作为伟大教育家活跃在教学舞台上的是孔子。[五]孔子的教育理念是:所谓学,既不是博识,也不是技术,而是人格的完善。

在希腊,学问的活动更是扩展到了市,苏格拉底在市的广场上揪住年轻人对谈就是个例子。但是在中国,学问虽然从宗庙走向私塾,呈现出开放的势态,但却没有扩展到市。这是因为中国的都市国家寿命太短,历史很快就进入领土国家的时代,出现了强大的王权及宫廷社交,学问再度被收回到宫廷这一封闭性的社会里去了。民主主义是与市共同成长的,学问没有扩展到市,这是中国的不幸。

但是,在中国,学问向市扩展的趋势也并不是完全没有。战国末年,秦国吕不韦延揽宾客,作《吕氏春秋》,书成之后将之公布于咸阳市上,有能改正一字者赏千金,这也说明书在市上被人阅读并不是什么稀奇的事。司马楚之在西汉长安城的东市开肆占卦,宋忠和贾谊曾到那里去访学,与他讨论先王的圣人之道。东汉王充在洛阳的市里站着读书治学。但是,学问向市的扩展已经错过最好的时机,庶民性的学问还没来得及建立,便被宫廷的学问压倒了。

同样的现象在文字的发展上也可以看得到。无论什么地方，文字都是先以绘画文字、象形文字的形式发生的，掌管文字的人都是宗教人员或祭司。嗣后，文字渐渐向庶民开放，文字一旦到了庶民手里，便产生了表音文字。但是，象形文字也不是一步就能跨入到表音文字，其间有一个中间阶段。布雷斯特德（James Henry Breasted）的《古代史》（*Ancient Times*, Boston, 1916）第43页介绍了下面这组埃及文字：

右起第一个图像表示人，第二个把手放在口边，表示吃。这两个是象形文字。其余的三个，从右上起依次表示 ch、q、r 的音符，是作为表音文字使用的，它们配合母音拼读，就表示出贫困、饥饿等意思。这组文字意在结合象形和音符两个部分来表示明确的意思。而音符部分被充分使用以后，单用音符也就能表达意思了。这些表音符号经过再次整理规范，就形成表音文字的字母，而右边的象形文字部分就脱落消失了。

中国的汉字大多数是由偏和旁组成的。偏是象形的部分，用它来表示某一限定范围内的字意；旁是发音符号，用音来表示某一限定范围内的字音。依靠这两个限定，就产生出了具有明确字意的文字。若用汉字来表示上面介绍的那组埃及文字，这便是"饿"字。"饿""蛾""鹅"，发音全都是"我"，但这不是虫子的"我"，也不是鸟儿的"我"，而是与饮食有关的"我"，所以用"食（饣）"加以限定。另一方面，在有关"食"的语言中有饭、饴、饱等许多概念，但这里并不是指这些概念，而是指有着"我"这个读音的那个"食"的概念，所以加上"我"旁，以表示关于食的概念中的一个特定的意思。因此，大部分汉字既不是纯粹的象形文字，也不是纯粹的表音文字，而是两者兼备。把汉字的性质理解为从象形文字向表音文字发展的过渡形式，是比较合乎历史事实的。若问汉字的发展为什么会中途停顿下来，那么我的回答就是，它还没有完全彻底地转化为庶民的文字。

　　由于汉字在从象形文字向表音文字发展的过程中停顿不前而固定下来，于是就引发了以下种种现象。首先是它的不便，好不容易想出来的作为音符的"旁"，却没有起到应有的作用，"格""洛""貉""路""略"等都有同样的音部"各"，但它们的发音却完全不同。当然，文字这个东西，即使在彻底变成记录语言的符号以后，文字与语言两者之间仍然存在着若干差异，这种文字与语言的不一致性，有时候也是语言方面的过错。例如法语等语言，现在已经很少能完全按照单词的字母拼读了，推测最初大概也是按照字母的排列顺序来拼读的，但后来语言逐渐发生了变化。上面所举汉字的读音，恐怕也是因为语言发生了变化，使得它们的读法也发生了变化，这似乎又不是汉字本身的过错。但是，作为音符使用的"旁"，由于不具备"音"的要素，没有母音与子音之别，因此，无法根据语言的变化进行相应的调整，从而不得不完全保留旧有的形态，但又无法遵从最初的发音约定。这一点恐怕是没有辩解余地的。

但是，另一方面，我们也必须看到文字与语言之间的这种差异所带来的便利。正是因为这种便利，汉字才能在存在读音变化的前提下，凭其外形，推广到汉人及同系统的各族群中去。直到现在，中国的方言依然千差万别，有些方言之间的差别，犹如法语与意大利语之间的差别。但是，作为文字，各地使用的都是共同的汉字，只是读音不同而已。假如汉字发展成为近于完善的表音文字，仅剩下少数表示音素的字母，那么，在中国长期分裂的时期，例如南北朝时期，南方和北方或许就会产生拼法完全不同的文字。同样，如果从古代起，每当语言发生变化的时候就用新的文字重新写过，那么，中国的古典也许早就变成了完全不同的文字。这样一来，中国就会与欧洲一样，人们必须首先学会古代的语言和各地的方言，否则就无法阅读古代经典及以后的各类记载，文学著作也同样无法阅读。语音完全不同，却能够拥有共同的古典和共同的文学，这不得不说是一件令人惊叹的事。中国之所以能从文化上，进而从民族上实现统一，正是因为存在语言与文字之间的这种差异，亦即独立于语言之外的文字功不可没。要认识汉字的功过，必须通过长时段的历史来做出判断，单纯地从文字应隶属于语言这一原则出发来加以判断是不可取的。我认为，例如数字，本身并不是音节，写个"1"，它既可以是英文的"one"，也可以是"1st"的"fir"，也可以是乐谱上的"do"，只有这种具有世界共通价值的符号才是最具高度的文字属性。象形文字变成表音文字，这的确是一种进步，但同时又不能不说是文字对语言的独立性的丧失，从这一点上来说，汉字没有理由因与语言之间的不统一及其独立性而受到责难，但我们也不能不考虑今后汉字如何面对未来的问题。而在考虑这个问题的时候，语言相异的日本和中国，也必须采取完全不同的立场。

日本的语言结构与中国完全不同，在日本历史上，汉字的主要任务是提供日语严重不足的单词。起初，日本一方面把中国的汉字按原来的音训引进，一方面又把汉字作为单纯的音符，用所谓的"万叶假名"来拼写日语，从此就产生了被称为"假名"的音符文字。假名文字产生以后，汉字的使用就仅限于实字，于是，汉字的传播力和渗透力自然就显现出自身的局限性。

我在都市国家的标题下讨论汉字的问题，这绝不是说汉字的发展在都市国家时代就已经完结，而是由于汉字发展的大方向在都市国家时代已经基本定型，所以才将之与中国都市国家庶民文化的不发达联系在一起考虑，这一点敬请大家谅解。

按照我的看法，春秋时期是从周民族开始迁徙后约一百年，即鲁隐公元年（前722）开始的。春秋时期是所谓"五霸"的时代，作为周人系统各诸侯国的霸者，东方的齐与北方的晋这两个国家最强。齐自称为周文王之师太公望之后，晋自称为周成王之弟唐叔虞之后，但这恐怕都是两国成为霸者以后才出现的传说，它们本来与周人应属不同的系统，是地处周文化圈之外、受周文化影响而兴起的国家[六]，宛如希腊与帖撒利亚和马其顿那样的关系。但是，齐、晋两国都对周文化表示崇敬，采取与周亲善并加以利用的政策，这是由于齐、晋两国都易受到来自北方的被称作"狄"的更野蛮民族的入侵。

兴起于南方长江中游的楚和长江下游的吴、越等国，就像有时他们也自认的那样，是一开始就属于周系统之外的被称作"蛮夷"的族群。即使这样，在后来的历史叙述中，仍然存在着楚是周文王之师鬻熊的子孙以及吴是周文王伯父泰伯、仲雍的子孙这样的传说。

这些国家以其新兴的武力为背景，时而采取怀柔政策，时而采用武力威胁，试图号令周系统的都市国家群。通常我们称齐、晋、楚、吴、越为"春秋五霸"。然而，如果不是单论武力，而就霸者的原意即同盟的盟主这一点而论，其数目则不止于五个，也可以在上述诸国之外加上宋襄公。更进一步说，甚至周都可以被视为最早的霸者。所谓的王、霸之别，是后世才想出来的，周在本质上就是作为同盟盟主的霸者而已。

齐以后的新兴国家,在其内部已经看不到都市国家的独立性,逐渐进入领土国家的统治阶段。也就是说,在它们的领土之内,虽然还存在着古老的都市国家的后裔,但他们都已失去政治上的独立,只能受制于国君。随着与周系统各诸侯国之间交往的加深,在文化上受其影响,这些国家在各自的领土上建造了新的城郭都市。然而,这些城郭虽然是都市,但却不是都市国家。楚国在其领土北部建造的"方城"之类的城郭,似乎只是纯粹的军事殖民地。

在周人的故地,即周人放弃的今陕西省渭水盆地,秦国兴起,逐渐成为一个强国。周人之所以向东方迁徙,也许正是因为秦人的压迫。秦似乎是从周人所称的"戎"中发展壮大起来的。按照我的大胆推测,戎(jung)与南方的掸族有关;称楚为蛮(man),音从苗(miao)而来,与中南半岛的孟族相关。沿海地区,北自山东,南迄越南,分布着属于同一个系统的民族。它们虽然有夷、越等不同称呼,但这些名称本来出自同一语源。中国人将周边的民族称为东夷、西戎、南蛮等等,似乎是有一定根据的。

秦是落后民族,秦人建造城郭已是战国以后的事。孝公时建咸阳而都之,之后又集地方小乡聚建立大县,在其领土内出现了许多都市。但即便是这样,也不能说这些都市是都市国家,不过，都市国家式的日常生活却在这些都市之中自然成长。

四　战国时期的领土国家

在春秋时期长期的争霸混战中，以周文化圈为中心繁荣一时的都市国家几乎全都没落，代之而起的是以强大的中央集权为特征的领土国家。随着历史的发展进入领土国家阶段，中国的社会和文化实现了更高层次的飞跃。在这一社会变革中，军政的改革起到了很大的作用。

春秋时期都市国家之间交战之际，各同盟国按照霸者的命令，提供自己的国民军，组成临时的盟国联军。军队的右翼地位较高，这一点与古希腊完全一样。然而，南方的楚国却把精锐放在左边，这或许是因为楚国与中原诸国的战事频繁，从而采用了以精锐对精锐、一举而决胜负的战术。为了击破楚国军队，中原各国有时也采取变换精锐部队位置的战术，针对楚军的弱点，首先击破其右翼，然后乘势迫使其左翼主力也无法呼应而崩溃。（见《左传·桓公八年》）读这些记载，就好像是在读古希腊的伊巴密浓达和佩洛皮达斯的传记。

春秋初期各国的军队是国民军。那些属于社会上层、固守着氏族制度、拥有姓的阶级的壮丁，根据战事需要被组织成军队。但是，由于战争的长期化，仅依靠上层阶级的壮丁，人数显然不足，于是对庶民也开始课以兵役。兵役原本是义务，同时也是权利。因此，庶民服役虽然是负担的加重，但同时也意味着地位的提高。庶民能够从事学问，选择职业，得到迁徙的自由，这些恐怕都是服兵役带来的报偿。这些似乎都是春秋后期才发生的现象，庶民有作为士的自觉意识也是从这时开始的。由于庶民的活跃，姓和氏的区别也渐渐消失，姓即是氏，氏即是姓，两者开始混同起来。

但是，战争仍在继续，并且日趋激烈，这促使职业军人产生。战争即便停止，政府也不会解散军队，而是把它作为常备军保留下来。供养常备军需要新的财源，于是，那些有承担兵役义务但又不必在常备军中服役的一般民众承担起了供养常备军的经济义务。政府向他们课取人头税，这种税被称为"赋"。[七]"武"本来是指都市国家市民必须承担的兵役义务，现在这一义务可以用金钱来替代，所以就产生了"赋"这个新字。当然，虽然缴纳了赋，但必要时仍会被征服兵役，这也自不待言。

常备军建立以后，如果君主能时时控制住它，就不会发生什么大事，但如果把常备军完全交给臣下去掌管，那么，发生革命的可能性就难以避免。在齐国，大臣田氏掌握了军队，左右国政，终于篡夺了齐桓公以来的名族姜姓公室，建立了新的田氏齐国。同样，在晋国，作为常备军指挥官的韩、魏、赵三家，最终也背弃自己的主人，瓜分了晋国的领土，各自以氏为国号，建立了韩、魏、赵三大强国，历史上通常也把三家分晋以后的时代称为战国时期。南方的楚国和西方的秦国，君主没有把军权交给臣下，因此能够维持原状。这些国家之外，再加上齐国北面新成立的燕国，合称"战国七雄"。燕国号称是周开国时与周公同摄国政的召公之后，这当然也是附会之说。

周文化圈中央的重要地区在进入战国后成了魏国的领土。除北方的燕国外，魏国与其他五个强国均接壤，因此，魏国虽然文化先进、商业繁荣，但由于缺少开拓新领土的空间，正像今天的德国一样，四面受敌，因此，在战国七雄中最先呈现出衰败的迹象。战胜魏国，并一度灭燕，一时走向强盛的无疑是齐国。战国时期各国概称王号，以强大的军事力量为背景，在国内实行中央集权统治，全国的财富被集中到了国都，国都因此日益繁荣，拥有庞大的人口。齐都临淄号称七万户，君主宣王在稷下开馆，招徕全国学者。各国的君主也都尊敬学者，因此，宫廷文化也在各国都城兴起。孟子就是奔走于齐宣王、魏（梁）惠王宫廷的众多学者中的一个。他所提倡的王道和革命思想，绝不是从前有人认为的那种民主主义。他提倡的也许是一种为民众着想的政治，但这种政治无论如何都离不开王，可以说是王的政治。而且，他的革命思想也是从肯定齐国不久之前发生的田氏革命出发的。他对各国君主的游说，也是主张把春秋战国变革之际的齐、魏等国的革命进一步扩大，并使之完成。他的王道是战国的王道，而不是周的王道。这一点虽然可以说是进步的，但不能否认，它在本质上是宫廷的学问。当然，也不能因此说他的这种思想就毫无价值。在日本，据说在向天子讲读《孟子》的时候，要故意删除其中的"一夫纣"那一节。其实，孟子的这种革命思想，恰是最适合向天子讲述的。

记录孔子言行的《论语》和记录孟子言论的《孟子》，不仅在中国，在日本也是长期以来为人熟知的古典。对于两千多年以前的外国古典，我们只需稍稍用点功夫，借助历代的注释就能顺利地读懂它的原文，想起来确实令人惊讶。当然，到现在还把《论语》《孟子》等当作人生指南的圣贤书来读的人大概是没有了，但是，因为不能起到人生指南的作用就不去读它，这也是不对的。《论语》和《孟子》，应该把它们当作孔子和孟子传记的一部分，用历史的眼光去读。古典这种东西，和它产生的社会一样，有尚未成熟的地方，但同时又包含着可以向任何方向发展的可能性，这是可贵的。长期以来成为日本人精神食粮的这些图书，阅读时，可能会意想不到地在其中发现我们自己。其面貌也许是亲切的，值得夸耀的，有时也许是可诅咒的。说它有用就有用，说它无用也就无用，但是，如果仅仅想从中选择那些对现今时势有用的部分加以利用，那就没有意义了，这其实和对着镜子只照自己形象的某一侧面是没有什么区别的。

进入战国后期，西方的秦国一下子强盛起来，我想这其中有两个原因。一个原因是秦灭掉了其西北方面的义渠戎。义渠戎这个民族，经营城郭都市生活的时间要比秦人早，文化繁荣，它也许是西方伊朗系统国家的殖民地，秦人从这里发现了通往西方的贸易通道。另一个原因是与此相关的骑马战术。当然，说到骑马战术的传入，秦国的东邻赵国或许要比秦更早一些。中国本来是没有骑马战术的，它无疑是从胡人，即外国人那里学来的。然而，全面接受骑马战术并从中获益的是秦国。这是由于秦国与北方、西方的游牧民族相邻，从他们那儿可以买到数量众多的良马。至于贸易所需的交换物资，则是秦国吞并巴蜀以后，利用那里肥沃的土地生产出来的，这大大补充了本国资源的不足。越往后，战争的规模也就越大。骑马战术的特点是自由、敏捷，机动性强，能进行包围作战，彻底摧毁对方。赵国虽然在差不多同一时期引进了骑马战术，并一时国力强盛，但赵括统率的四十万大军却被秦将白起全歼，赵国因此遭受毁灭性的打击，无力东山再起，最终亡国。赵亡以后，秦军就像怒涛一样席卷了中原。

直到最后还试图对秦展开顽强抵抗的是南方的楚。楚国的疆域虽然南达南海，是当时国土面积最为广袤的国家，但是，进入骑马战术的时代，偏处南方的楚几乎没有可能输入大量的马匹，拥有广大的领土却无法迅速调动国内的兵力。在三十万秦军的集中攻击下，楚国日遭蹂躏，很快亡国。

战国时期的各国能调动号称三十万、四十万的大军用于作战，这与铁矿的大量开采以及冶铁业的快速发展关系密切。在中国，铁被广泛使用大约是从战国初期开始的，但据记载当时的武器却仍以青铜武器为主，还看不到与钢铁锻造有关的记录。青铜武器依然是最锋利的，而铁器则被作为钝器来使用，从这一点也可以看出，当时的铁似乎还是铸铁。在没有铁的时代人们不得已用高价的青铜来制作的那些器物现在可以用铁来制作了，这使得青铜可以专门用于那些最需要的地方。据说秦统一后没收六国的兵器，在咸阳铸造了巨大的铜人。实用价值比铁高的青铜也被广泛用于铸造货币，战国时期各国流通的货币有刀、布等多种形式，到了战国末年，出现了圆形方孔、被后世作为标准形式的铜钱。

五　秦汉古代帝国

秦国在短时期内走向繁荣的另一个原因，是收容了各国的亡命者，尤其是收容了大批来自文化发达的邻国韩、魏的亡命者，并在内政和外交上充分利用了他们的才能。战国初期，卫鞅逃离魏国来到秦国，在秦孝公的支持下实行了各种改革，使秦国的面貌为之一新，秦国中央集权制的基础可以说就是在那时打下的。它在地方上实行郡县制，派遣官吏前往治理，防止封建割据势力的形成。固然，类似的政策在其他各国也曾实施过，但秦国实施得最为彻底。接着，张仪自魏入秦，为秦国制定了连横之策。秦与六国分别订立同盟条约，提高了秦作为六国宗主国的地位。秦对邻国施压，六国若放任不管，则秦的势力就会越来越强，最后所有国家都将受害，这是谁都看得出来的，但六国若想合纵防秦，则与秦相隔较远的国家又会不胜其烦，因而六国陷入进退两难的困境。秦国实力不断加强，六国则疲于奔命。

秦国以流行于韩、魏地区的法家思想为政治理想。法家思想虽说出于儒家的一派荀子的学说，但它主张应以君主权力为核心，用法来治理人民。儒家以家庭制度为基础，认为把家庭制度扩大即成为国家。而法家则以国家生活为前提，把儒家所称道的家庭制度看作是破坏国家秩序的东西而加以排斥。但是，法家所谓的法，看重的不是要说明国民为什么要守法，而是采用何种权术才能使人民守法。所以，法家的学问可以说是最具有宫廷特征的，而最具宫廷特征的学问也就是最脱离民众的学问。

奉行这种政策的秦国，在秦始皇的时候（前221）灭了六国，统一了天下。秦的统一是中国历史上最早的大统一，通常所谓"十八省之地"，这时就有了大体的轮廓。秦始皇把秦国推行的郡县制度推广到了全国，并派遣官吏前往各地任郡县长官。

"皇帝"这一称号也是秦始皇最先使用的。当然，始皇帝是死后的称号，生前只称皇帝。战国以来，各国的当权者都称王。但是，王这个称号，意味着承认有对立者的存在，现在，对立者消失了，就有必要采用一个凌驾于王号之上的新称号。这个称号，西方称"万王之王"（King of Kings，Shah an Shah），中国则称"皇帝"。皇帝是不承认有对立者存在的最高统治者，他不仅是中国人民的统治者，而且还是立于全世界人类之上的主权者。天地之间，皇帝是独一无二的，因此"皇帝"是一个专属名词，在它的前面不能附加国号之类的限定词。秦朝形成的这种皇帝观念，为后世中国历代王朝所继承。中国皇帝给日本的书信上面，也只用"皇帝问""皇帝制曰"这种形式，绝不会把大隋、大明那样的国名或王朝名附加在"皇帝"二字前面。但是，对日本国的君主却称之为"倭国王""日本王"，把他作为有地域限制的国家的王来称呼。

为了宣告前所未有的皇帝政治的成立，使统一国家君主的威势为各地所周知，秦始皇曾到各地进行过巡狩。为了巡狩，也为了便于将来调动兵力，秦始皇筑造了通向四方的驰道。巡狩所到之处，立碑歌颂自己的功业，对人民施以教化。从始皇对人民训诫的内容来看，仍然是事亲以孝，这一点其实与儒家的教诲没有什么不同，至于如何行孝，这却是法家学说里找不到的。在列国对峙的形势下，法家君主集权的主张对击败敌国起到了很大的作用，但这只是以权术为内容的学说，不具有人生的理想。天下统一后，法家的学说理应做出相应的调整，但作为宫廷学问的法家却未能这么做，我想这应该是秦朝灭亡的一个原因。

当时的法律似乎是统一的、严格的，不能通融。天下之民一年之中要有三天到北方边境担任警备，即所谓"戍边"。这项新的义务也是秦朝定下来的。就所需要的人数和天数，按天下人口的总数去分配，得出了三天这个数字。但是，由于每隔三天一换班这样的规定缺乏可操作性，所以在许多人中指定一个代理人，由他去长期值勤。为了戍边，秦朝从天下各郡县征发人员，这看似公平，但对居住在远离边境的人民来说无疑是艰苦的。始皇帝死后，二世皇帝元年，奉命从今河南省南部出发到今北京以北去戍边的民众，在陈涉的领导下掀起叛乱，天下立刻陷入了大乱。

战国时期，七国在长期攻战的同时，各自的文化也发展了起来，各国民众都萌发了各自的国民意识和爱国心。由于当时还没有形成"中国人"这样强烈的民族意识，因此，秦的统一，在各国民众眼里，只是自己遭受了秦人的统治而已。加之秦的法律是在文化落后的关中地区发展起来的，把它拿到风俗习惯不同、文化先进的六国来推行，即刻就变成了难以忍受的苛法。所以，陈涉的叛乱一发生，六国民众就立刻响应，各处都在杀死秦朝派遣的官吏，掀起暴动。暴动很快蔓延，领导者高呼着从秦朝苛政下解放出来的口号，得到了民众的支持。从实际形势来看，当时可以分为两派。一派是旧六国的贵族，他们拥戴故主的子孙，企图复兴故国。另一派是乘风而起的下层游侠集团，他们的目标是单纯的，只是想从秦朝的统治下解放出来。[八]代表前者的是项羽，代表后者的是后来成为汉高祖的刘邦。起初两者合作,组织了六国联军,攻入关中,灭亡秦朝,但两者之间的势力争夺不可避免地紧随其后。

项羽作为楚人的自我意识太过浓重了,好不容易取得号令六国联军的霸权,却特地撤退到与自己故乡邻近的旧楚国境内的彭城,在这里建立了根据地,却把与关中邻近的汉中一带封给刘邦,这成了他失败的原因。刘邦举兵平定了关中,占据秦故地,获得了利用秦人的有利形势。战国末年的秦楚争霸再度出现,这一次又是秦方获胜。刘邦打败项羽,重新统一了天下,成为汉帝国的开国始祖。

汉朝几乎原封不动地继承了秦朝的法律及各项政策。所不同的是,汉朝限定了法律使用的地域范围,只在朝廷直接管辖的郡县内推行,郡县以外的地域则分封诸王,王国范围内允许实行几乎完全的自治。汉高祖起初分封了一批异姓功臣为王,让他们去统治和管理广大的领土,不久以后又陆续撤销这批异姓诸王,代之以同姓王。随着世代的变更,同姓诸王的"割据"也逐渐显现出来。到了高祖的孙子景帝的时候,朝廷通过武力平定诸王的叛乱,没收了他们的领土,余下的封国则令诸王的子孙分割继承,并且必须严格接受中央的监管。这样一来,秦始皇所期盼的郡县制度和中央集权政治,西汉成立后经过五十多年的努力终于实现了。

景帝之后继位的是武帝。武帝充分发挥中央集权制下君主的威力，结束了高祖以来对北方蒙古地区兴起的游牧民族王国匈奴所采取的屈辱外交，屡次派遣大军出塞，彻底击溃了匈奴势力。这种积极扩张的政策，与中央政府积存起来的庞大的钱帛物资一起，大大刺激了经济活动，使工商业呈现出空前的兴盛。商人的活动尤其活跃，武帝时期的历史学家司马迁亲眼看见了这种状况，在他的名著《史记·货殖列传》中留下了这样的记载：

夫用贫求富，农不如工，工不如商。

但是，这种景气只是暂时的，犹如浮萍，缺乏根基，无法长久，所以，司马迁接着又写道：

以末致财，用本守之。

意思是说，要想短时间内发财致富，商工等末业是最奏效的，但要维持长久的富裕，最稳当的还是对土地的投资。当时的经济界还不发达，没有底气将因战争而引起的景气维持下去，景气之后必定会回落，所以农业依然是最安全的经营领域。事实上，当时的社会经济也必须建立在以农业为主体的经营之上。于是，大土地所有者便有了在地方上培养自己的势力、逐渐形成豪强地主的温床。为了便于对地方进行统治和管理,朝廷必须与地方上的豪族携手合作,并承认他们的特权。长此以往,社会情势也为之一变,中国社会逐渐呈现出了中世纪的特征。

武帝在位时期,学术上也发生了重要的转变。武帝把儒学定为官学,使它凌驾于其他诸子百家之上。孔子创立儒学以来,虽然也有与它对立的各派学说,但由于儒学起源较早,奉行儒学的学者人数也最多。虽然儒学本身也因自身的发展出现了各种学派,各据经典,传教家学,但有一特点是儒学各派共有的,就是它们重视家庭伦理道德,同时也都重视历史学。秦始皇将儒学列为镇压对象,原因也在于儒学对历史的重视。儒者厚古薄今,这对秦朝的统治非常不利。但正因为儒者尚古,他们才掌握了古代历史的体系,持有一种独特的史观,世道一变,儒学便显现出它的优越性。不管怎么说,帝王的地位天定,而且是世袭的,而世袭就是历史。虽然雄才大略但帝位是从祖先那里继承而来的汉武帝,与开国英主秦始皇,他们对于历史的看法不可能是一样的。秦始皇能够以自己的伟业来证明自己是皇帝,但汉武帝却不得不靠历史来证明他是正统天子。所以,无论怎样说,作为宫廷学问,最适合的确实是掌握着历史体系的儒学。儒者逐渐巴结上天子,被提拔为学官,设置五经博士,确保了儒学作为官学的地位,这可以说是一种自然的趋势和结果。

汉朝几乎原封不动地继承了秦始皇创建的官僚制度,力图推行中央集权制。但不得不指出的是，从后世的观点来看，汉代的中央集权也好，官僚制度也好，都还是很不成熟的。汉代的政治，简单地说是长官政治。某一职务，在确定职权范围、任命长官以后，就任凭那个长官去做了。如果长官做得不好，唯一的方法是罢免长官，除此似乎没有别的办法加以干涉。就地方政治来说，中央派往郡县的有郡太守、县令或县长，以及他们的副手丞。这种丞，不是郡的丞或县的丞，而是郡太守的丞和县令或县长的丞。丞在郡县里没有自己的职务，他们只是附属于长官的辅助人员而已。地方的政治，全部委任给长官。尤其是郡太守，他们负有重大的责任，必须一个人担负起统治广大土地和人民的全部责任。太守只身到陌生的地方去赴任，必须先组织僚属。在僚属的人选中，虽然也有单纯的平民，但为了在紧要的时刻能够有所依靠，往往要在豪强地主中选择。太守每年要以郡的名义向中央推荐孝廉，作为国家官吏的候补者，这种机会自然就更多地落到了那些长期帮助太守的属僚头上。这样，通过郡一级的政治，地方豪族与中央政权之间发生了联系，原本仅是擅名地方的土豪势力，很快就能进入中央从而逐渐上升为贵族。朝廷虽然想通过这样的方法对地方豪族采取怀柔政策，但与朝廷保持接触的豪族，却在乡里互相勾结，在社会的下层培植自己的势力。当朝廷尊重他们的利益时他们就顺从，反之，则倚仗自己的势力采取反政府的行动。豪族以地方政治的中心郡为舞台，不断成长，互相勾结，当朝廷局势出现变动，他们便展开独立行动，这就导致了东汉末年以后天下的分裂。

中国的文化从商到周、从春秋到战国，至于秦汉，获得了持续的进步和发展。刻在龟甲上的卜辞文字，到了汉末，就能在纸上用毛笔以雄浑的书法来自由书写了。大概在周初出现的贝币，后来演变成金属货币，汉武帝在位时期，定型为五铢钱这一标准形式，通用于全国。其他同类的事例不胜枚举。汉代的文化，归根到底，就像我在开头时所说的那样，可以说是因人类的合作而产生的"α"的累积，它主要是依靠合作的量的扩大而造成的。然而，东汉末年开始出现分裂倾向以后，人类的合作又采取了一种什么样的形式呢？我的解释如下。一般说来，在具有中世纪特征的社会里，人们依郡县制度、封邑制度或庄园组织等不同政治形式，被重新编组成一个个小的地域社会，在这种狭小的封闭性的空间里人们进行着最密切的合作。这种合作若在强制下进行，采取的便往往是农奴制。而这种"割据"体制所起到的作用是，古代帝国阶段在国都或大都市里集中发展起来的文化因此延伸到了地方末端，并在各地生根发芽，茁壮成长。当这种地域上的封闭性一旦消失、强大的统一政权再次出现时，近世文化之花也就悄然开放了。

由于必须在很短的时间内讲完中国古代史概论，因此很遗憾，只能这样介绍一些要点。但是，这却给了我一次机会，促使我把自己长期以来对古代史发展体系的思考进行了整理，这一点非常值得感谢。其中有些说法自己也觉得过于大胆，或许稍稍有些错误，但提出了前人没有提出过的一些新观点，我相信这将有助于推动整个学术的进步。不揣冒昧地提出一些新观点，这其实也给我这个并非专门研究古代史的人提出了新的挑战，但是，上面所说的并非都是子虚乌有，对此我是有相当的信心的，为此，我把自己曾经发表过的相关论文列举于下，供有兴趣的读者参考。

注释

[一]《关于贾的起源》,《东洋史研究》第五卷第四期,1940年6月（后收入《宫崎市定全集》第五卷）。

[二]《中国城郭起源异说》,《历史与地理》第三十二卷第三期,1933年9月（后收入《宫崎市定全集》第三卷）。

[三]《中国上古时代是封建制还是都市国家》,《史林》第三十三卷第二期,1950年4月（后收入《宫崎市定全集》第三卷）。

[四]《周汉文化的基础》,《墨美》第十一期,1952年4月（后收入《宫崎市定全集》第十七卷）。

[五]《孔子在东洋史上的地位》,《东洋史研究》第四卷第二期,1938年12月（后收入《宫崎市定全集》第三卷）。

[六]《古代文明主义社会的诞生》,《东洋朴素主义的民族和文明主义的社会》第一章,1940年4月（后收入《宫崎市定全集》第二卷）。

[七]《古代中国赋税制度》,《史林》第十八卷第二、第三、第四期,1933年4月、7月、10月（后收入《宫崎市定全集》第三卷）。

[八]《关于游侠》,《历史与地理》第三十四卷第四、第五期,1934年11月（后收入《宫崎市定全集》第五卷）。

（《哈佛·燕京·同志社东方文化讲座》八,1955年12月）

东洋的古代

一　序章

我曾在昭和二十五年（1950）出版过一本名为《东洋的近世》的小书（后收入《宫崎市定全集》第二卷）。说实话，这本书在日本的总体评价不佳，但在欧美地区却受到关注。[一]随后，昭和三十八年（1963）11月2日，我在史学研究会的大会上做了题为《东洋的中世》的演讲，那次讲演的主要内容，经整理以《六朝隋唐的社会》为题撰成短文，发表在次年5月刊行的《历史教育》第十二卷第五期上。昭和三十八年11月20日，作为东洋文库秋季东洋学讲座之一，我受邀做了题为《东洋的古代》的演讲，下面我要叙述的内容，大体就是以这次的演讲作为基础展开的。

在我最早使用"东洋"这个词汇的时候，"东洋"一词的含义，与其说是今天我们通常所说的东洋史的"东洋"，不如说指的只是东亚，也就是多少受到过中国文化影响的地区。然而就古代而言，这些地区基本上都在今天的中国境内，但也不能因此而称呼其为"中国的古代"，原因有以下几点。首先，所谓"中国"，是与日本、朝鲜、越南以及英国、法国等相对应的国名，而东洋或者东亚，则是与欧洲、西亚相对应的地域名词。我研究的出发点是力图站在世界史的高度，有意识或无意识地将中国古代的文化、社会与欧洲、西亚的文化、社会进行比较研究；还有，正如希腊文化、拉丁文化为欧洲人所共有一样，中国的文化和社会组织并不为中国所独有，而是见于整个东亚世界。因此，本研究虽然实际内容是中国，但与此前研究近世和中世的时候一样，我还是使用了"东洋"一词。

其次是"古代"这一概念。我不喜欢从理论出发去研究历史，对我来说，历史分期只不过是一种相对的、权宜的手段而已。说到古代，不一定就是奴隶制度，如果认定古代就是奴隶制，那么很多现象就必然地会用所谓"奴隶制"的理论去进行解释。我研究历史的目的，并非为了证实某种理论，而是为了澄清历史本身。我认为，历史分期只有成为研究历史、澄清史实最有效的方法才具有其意义。命名本身不是目的，通过历史分期究明史实才是目的。因此对我来说，历史分期与其说是研究的出发点，不如说是研究所得出的结论。当然，这个结论又有必要不断地回归原点，在推动新研究的同时接受挑战。如果新的研究成果与原有的理论之间大相径庭，那么就必须做好随时修正的准备。我觉得所有的自然科学研究者都是带着这样的心理展开研究的，没有什么万古不变的学说，正是在不断的破旧立新之中，自然科学才能取得惊人的进步。我把这样的学说视为相对的、权宜的，但绝不意味着能够肆意而为，因为在一定的学术水准下，最权宜的学说应该只有一个。

我这里所说的古代，是相对于后来的中世、近世、最近世而言的，也是一个相对的概念。古代所指的内容，就是我下面所要论述的。这里，我想先简要地向读者说明一下古代与我所说的中世、近世、最近世之间的区别。在诸多的不同之中，我想聚落形态的演变最能够说明问题。

根据我的研究，古代的中国社会是无数城郭都市的集合体。这里虽然将之称为都市，但其实也只是农业都市。起初，这些都市都是拥有主权的独立国家，近似于欧洲最初的都市国家。随着时间的推移，这些都市分分合合，小都市被逐渐形成的大都市所吸纳或征服，最终形成秦汉帝国的大一统局面。但是直到汉代，人们居住的聚落都还保持着古代城郭都市的形式，城郭之外的居民极为稀少。当然，中国文化尚未渗透进去的江南地区或偏僻地区不在此列。这一点正是古代的特色。

从东汉三国时期开始，人们更多地搬迁到城郭外的郊野居住。到了唐代，农民已基本搬离城郭，散居到了郊野的村落，县城以上的城郭都市基本上成为政治的舞台。较大的城郭都市与农村的并立，就是中世纪的象征。

宋代以后，随着商业的发展，村落之间逐渐出现小型的密集型街市，也就是集镇，这些集镇多数都没有城郭。还有，随着城郭都市中商业的不断繁荣，城内的资源开始趋于紧张，于是人们流向城郭之外，在城门外也逐渐形成密集型集市。虽然政府也在不断努力地扩大城郭，试图将这些新的集市包含到城郭之内，但民居的膨胀速度远远快于城墙的建设。纯粹的农村，与没有城郭的阿米巴[1]型商业集镇，以及包含城门、四周众多集市的城郭都市，三者的并立是近世出现的新现象。

到了近代，有人认为城墙已是无用之物，清末《南京条约》签订以后，通商口岸的租界快速发展，不带城郭的阿米巴型大都市发展成为中国经济的中心。汉口镇从一开始就没有城墙，上海县城和天津府城也逐渐被淹没在新兴的市区之中。台湾曾一度被日本占领，台北市的城墙被拆除后铺设了三条道路，这或许是在模仿巴黎的香榭丽舍大街。数千年来作为都市的象征、用来包围街市的城墙完全成为无用之物，而建设贯穿街市的道路就意味着都市建设，这是最近世的特色。

---

[1] 阿米巴，amoeba 的译语，原意为单细胞的微生物，引申为不断改变形态向前游动获取食物，亦即为获得某种利益而不断发展变化之意。——译者注（若无特别说明，本书页下注皆为译者注，文后注为作者原注）

历史绝不是观念，而是活生生的现实。如果真的有火星人，他用精密的望远镜观察数千年来地球上的变化，那么他得出的结论应该是和我一样的。如果历史无法清晰到连火星人都看得明白，那就称不上是真正的历史。

二 耕地的形态

一有机会我就会阐述自己这样的观点：中国古代是独立性很强的城郭都市和邑的集合，这样的聚落形式直到汉代仍被大量地保留下来。[二]汉代乡、亭的前身就是这些城郭都市，而所谓的里，则是其内部的区划。这一观点，最近已经有越来越多的人表示赞成。但我的这一假说是一个有机的体系，仅仅采用其中的一部分是不够的，效果也很有限。在这种特殊的聚落形态之下，存在着与之相应的土地所有制，同时也存在着与之相应的耕作形态。我撰写这篇论文的主要目的，就是希望大家能够全面认同我的说法。

中国古代的人口比今天少得多，耕地当然也比后世少得多。数量上的稀少必然带来质量上的差异。中国古代社会绝不只是后世社会的缩小或浓缩。那么，汉代的史学家是如何看待中国古代社会的？我想从这一点开始进行讨论。

首先是《汉书·食货志》关于战国时期魏国李悝"尽地力之

教"的记载：

> 地方百里，提封九万顷，除山泽居邑，参分去一，为田六百万亩。

方圆百里、总面积九万顷[1]的诸侯领地，耕地占其中三分之二，其他三分之一是山泽城邑等不可耕垦之地。不过这是就魏国的情况而言的，魏国居天下之中，人口尤为稠密。到了统一国家的汉代，平均天下土地，得出了与魏国完全不同的比例。《汉书·地理志下》载：

> 地东西九千三百二里，南北万三千三百六十八里。提封田一万万四千五百一十三万六千四百五顷，其一万万二百五十二万八千八百八十九顷，邑居道路，山川林泽，群不可垦，其三千二百二十九万九百四十七顷，可垦不可垦，定垦田八百二十七万五百三十六顷。

引文中加着重号的"不可垦"三字恐是衍字，应当删去。[三]

所谓"提封"，是指疆域内的全部领土。将《地理志》的记

---

1 中国历史上同一度量单位的内涵历代多有变化，本书一律保持原始文献记载，一般不做换算。其他单位如亩、里等亦同。——编者注

载与先前《食货志》的相关记载进行对比，《食货志》中的"山泽居邑"，在《地理志》中被改称为"邑居道路，山川林泽"，《食货志》中所称的"田"，在《地理志》中被分成了"可垦（田）"和"定垦田"两种，但两者的比例发生了明显变化。《食货志》中魏国的田地占总面积的三分之二；而汉代可垦田只占总面积的五分之一、定垦田占总面积的二十分之一，两者加起来也只占四分之一。对于疆域涵盖尚未完全开发的江南地区和沿海地区的汉帝国而言，这是理所当然的事。这个数字应该是接近历史史实的。

其次是汉代聚落的数量。《汉书·百官公卿表上》载：

凡县、道、国、邑千五百八十七，乡六千六百二十二，亭二万九千六百三十五。

这或许是西汉孝平帝元始二年（2）的统计数据。乡、亭数据中似乎不含都乡和都亭，只是离乡和离亭的数目。因此，如果假设县、道、国、邑分别是一处都乡、一处都亭，乡也是一处都亭的话，那么全国的都亭和离亭总数就应该达到三万七千八百四十四个。也就是说，当时就存在着这么多数量的城郭都市。这些城郭都市，人口规模大小不一，多的可达十万户，小的则非常少。由于亭的总数接近四万，因此计算它的平均人口并非完全没有意义。把《汉书·地理志下》可能是元始二年的统计数字，即"民户千二百二十三万三千六十二，口五千九百五十九万四千九百七十八"，除以上述的亭数，得到的平均值约为一亭三百二十户，一千五百七十口。

再将上述定垦田数除以亭数，可以得出一亭的定垦田约为二百二十顷。

不过，"顷"这一面积单位，在汉代被重新制定过。汉代以二百四十步为一亩，百亩为顷，若换算成战国时期百步一亩、百亩一顷的旧制，则二百二十汉顷相当于五百三十旧顷，即六十井。如果将之设想为正方形的土地，那么一边的长度就是七至八里，而"里"这一长度单位在汉代没有发生过变化。

于是我认为，直至汉代，亭是最小的聚落，四周有城郭环绕，农民居住在城郭中，每天出城到城外去耕种自己的土地。因此，附属于城郭的耕地必须尽可能靠近亭的城墙。大都市周围附属有大面积的耕地，小都城周围则附属有小面积的耕地，其平均值就是上面得出的数字：一个大约三百二十户、一千五百七十口的城郭都市的周围，大致拥有二百二十汉顷（五百三十旧顷）的耕地。

亭与亭之间则广布着可垦田与不可垦田。据《汉书·地理志》的记载，定垦田周边广布着面积约四倍的可垦田，而可垦田的周围又广布着面积约三倍的不可垦田。不过，正如前文提及的那样,这只是全国范围内的平均数,在人口稠密的中原地区,不可能存在着这么广袤的空地。那么,中原地区的一般情况会是怎么样呢?

孙星衍辑校的《汉官六种》本《汉旧仪》记载:

> 设十里一亭,(设?)亭长亭侯,五里一邮,邮人居间,相去二里半。

句首的"设"字或许应该移到下一句"亭长"的前面。这里所说的"十里一亭"的"十里",无疑是指长度或距离上的十里。在开发程度较高的中原地区,一个亭的中心到另一个亭的中心,其间的距离通常约十里,大约是今天的四千米半,老子所谓"鸡犬相闻"并非虚言。换言之,一个亭的统辖区域就相当于一个边长

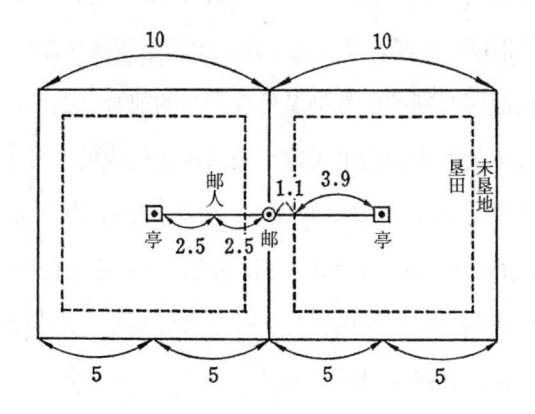

十里的正方形，总面积相当于九百旧顷。这个面积就是前文说到的"提封"，即亭的总面积，不可垦田、可垦田和定垦田都包含其中。定垦田约占五百三十旧顷，因此，不可垦田和可垦田就是剩余的三百七十旧顷，数量相对比较小。当然，这是在忽略城郭内面积的前提下计算的。如此一来，定垦田的周围应当存在着相当于定垦田一半的未开垦土地，基本上可将之视为宽一点一里的带状土地（如图所示）。当然，到了汉代，随着一些发达地区的开发程度日益提高，四周不存在未垦土地也毫不奇怪。

接下来我们再来探讨《汉书·食货志》中"地方百里"的"地"的含义。在这个"地方百里"的土地上，并不是其中心只有一座大都市，大都市的周围环绕着六百万亩的田地，其外围再环绕着三百万亩的山泽；而是有一百个方十里，即设想边长十里的正方形单位集合于此。每个边长十里的正方形单位中心都有一个邑，周围附属有六万亩即六百旧顷的耕地，耕地的外围再有三万亩即三百旧顷的山泽，总计九万亩，也就是所谓的提封九百旧顷。

春秋战国时期的邑就是汉代乡、亭的前身。通过以上论述可知，汉代以前的中国是由无数个城郭都市组成的，各个都市平均有着方十里，即九百旧顷的领土，亦即提封，其中60%到67%是耕地，剩下的40%至33%是未垦地。当然这只是一个平均值，也有特别大的和特别小的提封。接下来想要解决的问题就是那些特殊大都市及其提封的形成过程。

三　大耕地的产生

一般认为，构成上古中国社会基本单位的城郭都市和邑规模都是很小的，如《战国策·赵三》"赵惠文王三十年"条曰：

> 古者四海之内，分为万国，城虽大，无过三百丈者，人虽众，无过三千家者。

这里所说的国就是邑。即使是大邑，户数也不过三千。如果根据当时的观念，一户的耕地面积为一百亩，也就是一旧顷，那么其附属的耕田就是三千旧顷，即三百三十三井。一井就是一里见方的土地，所以三千旧顷约当一个边长十八里有余的正方形。

但随着中国古代社会的发展，出现了人口特别庞大的大都市。这样的大都市里虽然生活着官僚和职业军人等非生产者，但人口的主体依然是农民。于是为了给这些大都市的农民提供耕地，就必须有大面积的耕地。换言之，大邑的发展同时伴随着大耕地的产生。

那么，这样的大耕地是否能够单纯依靠开垦获得呢？答案恐怕是否定的。由于上古邑的分布相对密集，以集团的形式存在，所以邑与邑之间的距离通常不会太远。如果其中的一个邑发展成为大邑，多数情况下是通过征服来实现人口和领土的统合的，被征服的人口被迁到征服者的城邑之中，同时他们的土地也被兼并，为征服者的邑所领有。换言之，大邑和大耕地的产生通常是同时并进的。

刘向《新序·杂事第四》记载了孔子对鲁哀公的回答：

> 君出鲁之四门，以望鲁之四郊，亡国之墟，列必有数矣。

随着鲁国的发展，周围许多原本独立的邑被灭亡，化为了废墟，如果走出鲁国城门出去看一下，这些废墟历历在目。且不论孔子是否真的对鲁哀公说过这些话，至少汉代的人毫不怀疑地接受了这种说法，因此我在这里引用它来说明问题也应该不会有什么大碍。

然而，通过这种方法来扩大耕地面积依然是有限度的。不管怎么说，农民是居住在城里的，每天都要出城去耕种自己的土地，除去路途上的往返时间，必须要为自己留下充足的劳动时间。因此，路途上的往返时间必须控制在合理的范围之内，所以耕地也不可能扩展到无限远的地方。

也有一种意见认为，古代人民在春夏农忙期间才出城劳作，在田间搭建庐舍，以供耕作期间的住宿。这种意见的提出并不久远，似乎是一些学者对井田制解释不通时的一个敷衍手段，因此是一种比较新的学说。[四]虽然常常会有在田间搭建庐舍的记载，但这样的庐舍能否住人以及整个漫长的春夏期间是否都住在里面，这是两个截然不同的问题。

已经具备了一定规模的大邑和大耕地形成以后，即使不再进一步扩大附属于本邑的耕地，也可以通过其他的方法来获取利益，这就是让附近的小邑在保留原有形态的前提下隶属于自己。平时要求其纳贡，战时要求其出兵，恰如罗马统治意大利时期一样，迫使其他的邑隶属于自己，认可其自治权，但剥夺其外交权。于是，原本属于邑的集合体的中国，开始朝着领土国家的方向发展。

大邑、大耕地的产生，除了上述的征服手段外，还有出于国家意志的政治统合这一途径。在数量众多的小邑群中，如果已经出现了一个特殊的大邑，成为某个领土国家的国都，并以这个国都为背景，君主的专制权力得到提升，从而通过其政治权力创造新邑也就有了可能。刘向《新序·杂事第四》记载了管仲的一段话：

管仲言齐桓公曰："夫垦田创邑，辟土殖谷，尽地之力，则臣不若宁戚。"

这里的"垦田"是指开垦土地，"创邑"是指迁徙人口创设新邑，"辟土"是指进一步开垦荒地，"殖谷"就是增产，总之，就是指建设新的殖民城市的事业。《新序》的这段话说的虽然是春秋时期齐桓公的事，但实际上可能是进入战国以后才频繁出现的现象，因为这与进入战国以后各国在军事要地人为建设城邑作为军事据点的现象是一致的。

秦孝公设置大县之事，也应该放到上述观点中去考察。这一史实见于《史记·六国年表》"周显王十九年"（秦孝公十二年，公元前350年）条：

> 初取（聚）小邑，为三十一县令，为田开阡陌。[1]

"取"应该读作"聚"，"三十一"的"三"可能是"四"之误。古时"四"字写作四横，后世传抄中可能漏了一横。同样的内容还见于《史记·秦本纪》"孝公十二年"条：

> 并诸小乡聚，集为大县，县一令，四十一县。为田开阡陌。

对这一条记载的解释，自古以来众说纷纭。一般都认为，创设大

---

[1] 中华书局标点本《史记》句读为："初（取）〔聚〕小邑为三十一县，令。为田开阡陌。"

县的目首先是军事上的需要，设县与其说是民政上的行为，不如将之视为军事动员的单位更来得有意义。于是，前人动辄将设县单纯地理解为账面上的整理或行政机构上的改革。这样的理解是很不充分的，其实我们应该将之理解为把小邑或乡聚等城郭都市中的居民集中起来，重新创立一个称为大县的大都市，也只有这样，才能对"为田开阡陌"这句话做出正确的解释。"为田"应该与前引管仲话中的"垦田"或"辟土"是同一个意思。

小邑和乡聚此前都分散在各地，各自的周边都有着属于这个都市的耕地。现在撤除小邑，将人民集中在一处创立了大县，这就必须在大县的周围开辟属于这个大县的大耕地。当然，既有的耕地会继续利用，但更多的还是要靠开垦荒地来实现。

与大耕地开垦并行的则是田间道路的整顿，这就是"开阡陌"三个文字背后的史实。

对"阡陌"的解释，一直以来也存在着很多争议。在此，我不想去判断哪个是南北走向，哪个是东西走向，对于这样的细枝末节，我毫无兴趣。

"阡陌"指田间小道，这一点应该谁都不会有异议。[五]《汉书·成帝纪》阳朔四年（前21）正月诏书称：

> 令二千石勉劝农桑，出入阡陌，致劳来之。（师古曰：阡陌，田间道也。）

东洋的古代　059

诏书中的这段文字，要求地方的县令郡太守不要只闷在官府里处理事务，为了奖励农业，必须率先深入从事耕作的农民中去，慰劳奖励，以获人心。

对"阡陌"的解释，在我看来，迄今为止的各种意见都忽视了重要的一点，这就是"阡陌"是连着城郭之门的，即农民朝夕来往的道路。《史记·龟策列传》褚先生补云：

> 故牧人民，为之城郭，内经闾术，外为阡陌。

城郭内部的道路称为"术"，城外耕地之间的道路称为"阡陌"。换言之，阡陌位于城内道路"术"的延长线上，从城门通向远处。城郭的形状大致呈方形，通常都有东西南北四个门，所以首先就必须开通从四门出发通往四方的四条主干道，纵向的称为"阡"，横向的称为"陌"（当然也有相反的说法）。从这四条干线上分出了各呈直角的分线，然后再从分线上分出各呈直角的支线，由此将人们从城门引向各自的耕地。大阡、中阡、小阡与大陌、中陌、小陌相互构成直角，形成了棋盘式的路网布局。这样的田间道路其实到汉末都还存在着。《三国志》卷十一《胡昭传》注引《魏略》云：

> 焦先，河东人也……其行不践斜径，必循阡陌。

阡陌相交成直角，一般人往往喜欢穿斜路，但焦先却总是沿着直线行走。

既然秦孝公时已经将人民集中起来设置大县，那么就必须开辟足以养活这些人的大耕地；既然大耕地已经出现，那么当然就必须建设阡陌，以便农民出城后能够顺利到达各自的耕地，这丝毫也不难理解。将邑与耕地的关系放在一起考虑，问题也就迎刃而解了。

后世的儒生站在赞美井田制的立场上，认为是商鞅变法破坏了井田制。这样的观点一经成立，接下来就产生了各种新的解释，问题也因此变得越来越复杂。《汉书·食货志》云：

> 及秦孝公用商君，坏井田，开阡陌。

《食货志》又接着引用董仲舒的话说：

> 用商鞅之法，改帝王之制，除井田，民得买卖，富者田连阡陌，贫者亡立锥之地。

《汉书》的这两处记载在内容上显然具有连续性，恐怕班固是用自己的语言解释了董仲舒的话，也就是"坏井田，开阡陌"这两句。于是，这里的"开阡陌"三字就与"富者田连阡陌"成了同一个意思。"开阡陌"的意思也就被偷换成富人将广大的耕地全部占为己有，以前的阡陌就成了无用之物，可以任意撤除。在儒生们看来，阡陌在作为田间道路的同时，也是田地的界线，如今跨越阡陌的土地都归了一人所有，所以阡陌无论是作为道路还是作为界线，都已经失去意义。站在这样的立场上，把"开阡陌"解释为"决裂阡陌"似乎更容易理解。《史记》卷七十九《蔡泽传》有一句跟秦孝公有关的话：

> 平权衡，正度量，调轻重，决裂阡陌，以静生民之业而一其俗。

《战国策·秦三》"蔡泽见逐于赵"条亦云：

> 调轻重，决裂阡陌，教民耕战。

商鞅是井田制和阡陌制的破坏者，这样的说法古已有之。利用这样的说法，对古时的记录进行脱胎换骨般的改造，从而建立起有利于自己的学说，这是儒家的惯用手法，并不值得大惊小怪，因为异说怪论总是牵强附会、漏洞百出的。

四　大土地所有的形成

弄清了大耕地的形成过程之后，才能来讨论大土地所有的问题。此前的各种学说往往跳过了前一阶段，直接着手于大土地所有的问题，所以时常会陷入意想不到的困境。大土地所有是在大耕地产生的基础上形成的。

中国上古时期是一个到处都只存在小邑和小耕地的时代，没有大土地所有形成的基础。进入大耕地形成的战国时期以后，大土地所有才作为一个政治问题，成为有识之士讨论的对象。

这里所说的大土地所有，是指由富人通过兼并或开垦的手段获得并经营大片土地的现象，君主、权贵对人民和土地的占有不在其列，因为两者的性质是截然不同的，后者更倾向于统治与被统治的政治关系，只有人民之间通过买卖兼并形成的大土地才成为经济问题，也才可以使用"所有"这个词。中国历史上大土地所有的问题起源并不久远，秦代以后才逐渐趋于显著，而且保留下来的记录也滥觞于前引董仲舒的话语。用来形容富人大土地所有的"田连阡陌"一词，非常值得注意。这四个字有着特殊的含义，它告诉我们，这样的大土地所有是在附属于某个邑的耕地中得以实现的。人口属于里，耕地属于亭，这是汉代的一个基本原则。也就是说，人民定居在城郭内的里中，在这里登录户籍；城外的土地被称为亭部，属于亭，可以将之看成这个城郭的领土范围。汉代以前也是一样，首先要成为邑内的里人，这样才有可能获得附属于这个邑的耕地的所有权而从事耕作，当然这也意味着土地所有面积的狭小。《史记》卷六十九《苏秦列传》中留下了苏秦的一段名言：

使我有雒阳负郭田二顷，吾岂能佩六国相印乎？

可见，上好的田地二顷已经是足以消磨一个人上进心的土地所有了。我们并不清楚董仲舒所说的"田连阡陌"具体有多少田地，但在后世人眼中，它似乎是一个广阔无边的面积。

这种现象，我们从汉初的状况亦可加以推测。汉武帝时期的司马迁，在《史记·货殖列传》中列举了许多当时能成为一流富豪的条件。当时一流富豪的标准是千户侯，即封邑千户的诸侯，其年收入是从各封户征收二百钱，总计二十万钱。而庶民中的富人也完全有可能获得同样多的收益，如果是土地所有者，那就必须拥有"名国万家之城，带郭千亩亩钟之田，若千亩卮茜，千畦姜韭"。所拥有的土地数量比想象的要少，仅有千亩，也就是十顷而已。但除土地数量外还必须具备其他一些附加条件，首先，拥有的土地必须在名国万家之城的附近，这就意味着可以轻松获得劳动力，并且产品也能够顺利售卖。当时的谷物还不是全国性的商品，《史记·货殖列传》中说：

> 谚曰："百里不贩樵，千里不贩籴。"

也就是说，把柴卖到百里（约四十五千米）之外就不赚钱了，把米卖到千里之外也同样没有收益。其次，田地还必须是"带郭"。所谓"带郭"就是苏秦所说的"负郭"，也就是紧靠着城郭的土地，是从城内往返耕种最便利的地方。还有一点，土地必须是亩产能够达到一钟的高产田。"亩钟"这样的高产田恐怕也与灌溉有关，带郭之田多半临近城壕，灌溉便利。亩钟的"钟"字，通常解释为六斛四斗，但实际上应是十斛。[六]稍后的晋代，嵇康在《养生论》中说：

> 夫田种者，一亩十斛，谓之良田，此天下之通称也。

《养生论》中之所以没有说亩钟之田，也许是因为当时一钟等于十斛是再明白不过的道理，根本无须再作重复。

既然土地的所有依然被限制在附属于邑的土地之内，那么，即便是大土地所有，用司马迁的话来说顶多也就是十顷而已。但是，随着汉代政治的统一和人民往来的频繁，跨越乡亭之界，甚至跨越县界，在远方获取土地成为可能。于是，大土地所有便快

东洋的古代　065

速地发展了起来。《汉书》卷八十一《张禹传》云：

> （禹）为人谨厚，内殖货财，家以田为业。及富贵，多买田至四百顷，皆泾、渭灌溉，极膏腴上贾。

张禹是通过购买实现大土地所有的，并且这四百顷田地都能用泾水和渭水来灌溉，可见是从泾水一直延伸到渭水的大片土地，恐怕得跨越好几个县吧。同时，荒地的开垦也在不停地推进之中，原先亭与亭之间的空闲地也在渐渐消失。

这种超越行政区划的大土地所有一旦出现，土地的兼并就会无止境地向前发展，这在某种程度上也意味着农业成为极有利的投资方式。所谓的有利，绝不是指高额的利润。战国时期已经盛行货币经济，出现了一批利用经济和社会状况的动荡、以高利贷和投机手段获得巨额财富的人，与之相比，投资农业实在是一种非常质朴的赢利方法，司马迁在《史记·货殖列传》中写道：

> 田农，掘业，而秦扬以盖一州。

"盖"字在《汉书》中被改写成"甲"，所以"盖"与"甲"同意，也是领先的意思。总之，农业是一项非常笨拙的产业，利润有限。司马迁在《史记·货殖列传》中还说：

> 用贫求富，农不如工，工不如商。

意思是要想致富，农业不如手工业，手工业又不如商业。因此，在上承秦末乱世的西汉初期，投资土地的富豪还很少，兼并的现象也不严重。《汉书·食货志上》中记载了西汉末年三公之一师丹的话：

> 孝文皇帝承亡周乱秦兵革之后，天下空虚，故务劝农桑，帅以节俭。民始充实，未有并兼之害。

但农业的优点在于其稳定性，因此司马迁在《史记·货殖列传》中又说：

> 以末致财，用本守之。

即通过商业或投机挣来的钱，用来投资农业是最安全的。当司马迁写下这句话的时候，他脑海里浮现出来的可能是宣曲任氏的例子。《史记·货殖列传》云：

> 宣曲任氏之先，为督道仓吏。秦之败也，豪杰皆争取金

玉，而任氏独窖仓粟。楚汉相距荥阳也，民不得耕种，米石至万，而豪杰金玉尽归任氏，任氏以此起富。富人争奢侈，而任氏折节为俭，力田畜。田畜人争取贱贾，任氏独取贵善。富者数世。然任公家约，非田畜所生弗衣食，公事不毕则身不得饮酒食肉。以此为闾里率。

最初靠投机致富的任氏，通过投资田畜，亦即农业和畜牧业，守住了这笔财产，几代富裕，广为后世所知；由于农业的利润收益并不高，所以必须努力筹划自给自足，过着节俭的生活；这样的经营方针后来被西汉末期的樊氏所继承，成为后世庄园制度的典型。

中国古代社会经济的发展大约在汉武帝时期达到顶点，此后出现停滞甚至倒退的现象。大土地所有正是在这种社会经济转型的背景下快速发展起来的。西汉末年，基于前引师丹的建议，丞相孔光等人提出了限制大土地所有的建议，《汉书·食货志上》有如下记载：

> 诸侯王、列侯皆得名田国中。列侯在长安，公主名田县道，及关内侯、吏民名田皆毋过三十顷。

大土地所有的上限被定在三十顷，也就是前引司马迁所说的"千亩"的三倍，相当于三千户封君的年收入。但需要注意的是，这里还附加上了一些条件，这就是诸侯王、列侯在其封国内，列侯在长安，公主在县道。可以想象，吏民当然也只能在其户籍所在地拥有土地。

然而，进入东汉以后，拥有广大的庄园变得司空见惯。《后汉书》卷四十九《仲长统传》记载了他对当时土地状态的观察：

豪人货殖，馆舍布于州郡，田亩连于方国。

这与秦汉时代的"田连阡陌"的景象相比似乎有隔世之感。时代确实发生了巨大的变化。进入晋代后，《晋书》卷四十三《王戎传》已经用上了"园田水碓，周遍天下"这样夸张的表述。在我看来，晋代已经进入中世纪，中世纪经济的主轴转移到了土地问题之上。

五 农业劳动者的身份

当农民各自拥有足够养活自己的土地时，劳动力的问题并不重要。但在人民获得土地所有权以后，一方面出现了拥有完全超出自己耕种能力的剩余土地所有者，而另一方面则出现土地无法满足自己耕种的贫民。两者之间必然产生的经济关系，就是我接下来想探讨的问题。

当拥有超出自身耕作能力的土地时，其经营的方式原则上大致有以下三种。第一是雇佣他人耕种，第二是出租给佃户耕种，第三是使用奴隶或与之类似的贱民耕种。实际上，这三种方法在中国古代都使用过。

第一种雇佣劳动适合于小规模的土地经营，因而在大土地所有尚未发达的中国古代广为流行。

这样的雇佣劳动者一般被称为庸或佣。《韩非子·外储说右下第三十五》记载：

> 齐桓公微服以巡民家。人有年老而自养者，桓公问其故，对曰："臣有子三人，家贫无以妻之，佣未及反。"

很难相信这是齐桓公时期的事，至少也应发生在秦代那样雇佣劳动已经成为半永久性职业的时代。虽然佣未必就一定是从事农业生产，但下面这个事例中的佣是明确从事农耕的。《韩非子·外储说左上第三十二》记载：

> 夫卖庸而播耕者，主人费家而美食，调布而求（或许为衍字？）易钱者，非爱庸客也，曰：如是耕者且深，耨者熟耘也。庸客致力而疾耘耕者，尽巧而正畦陌畴畷者，非爱主人

也。曰：如是羹且美，钱布且易云（或许是"获"之误）也。

这段文字中似有讹误，但大体意思不难理解。又如《史记》卷四十八《陈涉世家》中称陈胜：

少时与人佣耕。辍耕之垄上，怅恨久之，曰："苟富贵，无相忘。"佣者笑而应曰："若为佣耕，何富贵也？"

该条下司马贞索隐曰：

《广雅》云：佣，役也，谓役力而受雇直也。

正是用佣来解释雇佣劳动的。不过，据前引《韩非子》文，他们的佣值不是单纯的货币，其中还包括布匹和食物。这样的情况进一步发展下去，就很容易引起雇佣劳动者变成住家长工的现象，从而产生对土地所有者的依赖，脱离政府的掌控而投入私门。前引《韩非子》中提到的那位老人，他的三个儿子都受佣在外，长期不能回家。《韩非子·诡使第四十五》还记载：

士卒之逃事，伏匿附托有威之门，以避徭赋，而上不得者万数。

这正是后世"客"和"部曲"的源流之一。

佣耕一直到东汉都还存在。《后汉书》卷一百六《循吏传·第五访》记载：

> 少孤贫，常佣耕以养兄嫂。

但到了这个时代，第二种租佃的形式已经更加流行。

租佃形式更加适合于大土地所有。当时，把租佃及田租称为"假"。《汉书·食货志上》引王莽之言：

> 汉氏减轻田租，三十而税一……而豪民侵陵，分田劫假，厥名三十，实什税五也（师古曰："分田，谓贫者无田而取富人田耕种，共分其所收也。假亦谓贫人赁富人之田也。劫者，富人劫夺其税，侵欺之也。"）

颜师古的注看似在解释"分田"和"劫假"两件事，其实不然，分田是指租田，劫假是指榨取田租。王莽的话可以和《汉书·食货志上》中董仲舒对秦代弊政的议论放在一起考察。董仲舒曰：

> 至秦则不然，用商鞅之法……或耕豪民之田，见税什五（如淳曰："十税其五。"师古曰："言下户贫人，自无田而耕

垦豪富家田，十分之中，以五输本田主也。"）

分田就相当于这里所说的"耕垦豪富家田"，劫假则相当于"见税什五"。《史记》卷一百二十二《酷吏列传·宁成》载：

贳贷买陂田千余顷，假贫民，役使数千家。

《汉书·酷吏传》同样的文句中没有"买"字，所以这里的"买"当为衍字。这段文字很难理解，各家也给出了多种解释，但我觉得恐怕应该解释为从政府那里贳贷未开垦的陂田千余顷，假与贫民耕种，役使数千家。从政府那里获得特权，兴建水利堤防，造成水田，租给贫民佃耕，实际上把数千户人家变成隶属于自己的佃户。这或许可以称得上是后世特权阶层的始祖。《史记》和《汉书》虽然都没有明确说明其从事的是农业生产，但把从政府那里借来的东西占为己有，可以说是为后世的庄园开创了一种类型。另外，《汉书》卷七《昭帝纪》"元凤元年"（前80）条稻田使者下如淳注曰：

特为诸稻田置使者，假与民，收其税也。

这是官田的租佃。此外，将官田的田租称为"假税"的例子，见于《后汉书》卷四《和帝纪》永元十五年（103）六月诏："令百姓鳏寡，渔采陂池，勿收假税二岁。"这样一来，租佃经营的生产方式自然就引发了佃户逐渐隶属田主的趋势。在宁成的事例中，《史记》载其"其使民威，重于郡守"，投入宁成势力下的人民，逐渐脱离了政府的控制而私属于田主，这也是后世"客"和"部曲"的源头之一。

第三种情况是使用奴隶耕种。最近，在古代史学的研究领域，有一种让我们深感不解的现象，这就是同样是信奉唯物主义史观，但中日两国学者得出的结论却截然不同。在日本，多数人认为中国在唐末以前都是古代，也就是所谓的奴隶制时代，但在中国学术界，更多的观点倾向于中国的古代早早地就结束了。据后者的观点，春秋、战国或者秦汉，是古代与中世纪的分界线。[七]得出这些观点的重要依据，就在于古代史料中很少有使用奴隶耕作的记载。

尽管汉代史料中频频出现相当于奴隶的"奴婢"一词，但却很少有记载使用他们来从事耕作的。如果非要举出一两例也并不是没有可能，如《史记》卷一百《季布栾布列传》中，季布作为项羽的将领，曾多次让汉高祖在战事上陷入僵局，项羽败亡后，季布遭到通缉，先被周氏隐匿，后又得到鲁国游侠朱家的帮助：

置广柳车中，并与其家僮数十人，之鲁朱家所卖之。朱家心知是季布，乃买而置之田。诚其子曰："田事听此奴，必与同食。"

文中的"田"或指田中之庐舍。这虽然可以作为使用奴来从事耕种的事例，但却无法作为奴隶普遍从事耕种的例子，而且季布的事例还是在非常情况下的特例。其次，《史记·平准书》载：

贾人有市籍者，及其家属，皆无得籍名田，以便农。敢犯令，没入田僮。

说的是商人不准占有田地，一旦商人成为土地所有者，就要没收他的田地和"僮（奴）"，因此，在这种情况下可以认为"僮"是用来耕作的。

但在其他场合下，即使"田宅奴婢"连称，也不一定就意味着奴婢就是田地的耕种者。如《后汉书》卷四十九《仲长统列传》云：

豪人之室，连栋数百，膏田满野，奴婢千群，徒附万计。

其中在"连栋数百"的家庭内部从事家务劳动的被称为"奴婢"，而在"膏田"从事农业生产的则被称为"徒附"。徒附也就类似于部曲。刘歆在《西京杂记》中对茂陵富人袁广汉做如下记载：

> 藏镪巨万，家僮八九百人，于北邙山下筑园，东西四里，南北五里，激流水注其内。构石为山，高十余丈，连延数里。养白鹦鹉、紫鸳鸯，牦牛青兕，奇兽怪禽，委积其间。积沙为洲屿，激水为波潮，其中致江鸥海鹤，孕雏产鷇，延漫林池。奇树异草，靡不具植。屋皆徘徊连属，重阁修廊，行之移晷，不能遍也。

为了满足如此的奢华生活，八九百人的家僮是必需的。

汉代的奴婢，比起用于耕种，更多的是用于从事其他劳动的。《汉书》卷五十七《司马相如传》记载：

> 卓王孙僮客八百人，程郑亦数百人。

他们中的大部分被用于矿山的开掘。《史记·货殖列传》云：

> 蜀卓氏之先赵人也，用铁冶富……即铁山鼓铸，运筹策，倾滇蜀之民。
>
> 程郑，山东迁虏也，亦冶铸，贾椎髻之民，富埒卓氏。

又《汉书·食货志》云：

> 大农置工巧奴与从事，为作田器。

这也属于工业劳动者。《汉官六种》本《汉旧仪补遗》云：

> 太官，汤官，奴婢各三千人，置酒。

置酒原是宴会之意，此处应该是从事酿酒的意思。《汉书·景帝纪》"六年"条注中引《汉仪注》云：

> 太仆……官奴婢三万人，养马三十万匹。

这属于养马夫，平均一人养马十匹。《汉书》卷六十八《霍光传》记载，来自天子的赐予"前后黄金七千斤，钱六千万，杂缯三万匹，奴婢百七十人，马二千匹，甲第一区"。其中的奴婢也相当于养马的劳动力。又《史记·货殖列传》载：

> 齐俗贱奴虏，而刀间独爱贵之……使之逐鱼盐商贾之利……终得其力，起富数千万。

这是从事制盐、渔业和商业的例子。

最值得注意的是，虽然有政府同时没收商人的田地和奴婢的记载，却没有通过耕作将两者结合到一起的例子。《史记·平准书》记载了大量的奴婢田宅都因武帝的"告缗令"而被没收的史实：

> 得民财物以亿计，奴婢以千万数，田大县数百顷，小县百余顷，宅亦如之……水衡、少府、太仆、大农各置农官，往往即郡县比没入田田之，其没入奴婢，分诸苑养狗马禽兽，及与诸官。官益杂置多，徒奴婢众，而下河漕度四百万石，及官自籴乃足。

这段文字虽然非常难解，但或许可以这样来看：农官没有使用没官的奴婢来耕种没收的田地，而是把这些田地借给了平民，没官的奴婢反而分给了诸苑和诸官。由于诸官的设置和奴婢的分配，导致了口粮的不足，依靠漕运和诸官的自籴才解决了口粮问题。如此看来，没收之前的田地也不是奴婢耕种的，这样的推测可以成立。

仅从农业的角度来看，汉代的奴婢不是生产者而是消费者，这一看法古已有之。《汉书》卷七十二《贡禹传》云：

> 诸官奴婢十万余人戏游亡事，税良民以给之。

《盐铁论》的《散（羡）不足篇》云：

> 今县官多畜奴婢，坐禀衣食。

这样的现象并不一定只限于官奴，民间的奴婢也一样。袁广汉家那样奢侈的奴隶暂且不说，其他的即使从事的是商业、工业或养马，这些劳动也更具有家庭内劳动的性质。正如郭沫若所说，奴隶当然没有特定的工种，只是根据需要用于各种各样的劳役之中，但迄至汉代，奴婢从事农业生产的比例并不高。

六　奴婢与臣妾

今天所说的奴隶，汉代的正式称谓叫作"奴婢"，这一叫法民间似乎也广泛使用，有很多记录保留了下来。但这个词的起源并不古老，在中国具有代表性的古典文献中几乎找不到。首先，《易》中既无"奴"字也无"婢"字，《诗经》亦然。《尚书》的《泰誓》中有"囚奴正士"一句，但由于其见于古文《尚书》，真实性值得怀疑，而且也找不到"婢"字。《春秋》中没有出现"奴"字，《左传》中虽然两次出现"婢子"这个词，但也只是女子的自称而已。《论语》仅《微子第十八》中有"箕子为之奴"一句,这很可能是古文《尚书·泰誓》中"囚奴正士"一句的源头。《论语》中也无"婢"字,《孟子》中"奴""婢"二字均未出现。

但这并不是说上古时期就不存在相当于奴婢的身份,只是叫法不同而已。上古时期是用"臣妾"一词来代指奴婢的,"臣妾"与"奴婢"几乎是同义词。

罗振玉的《地券征存》中收录了一件汉代的孙成买地券,这是建宁四年(171)九月二十八日乙酉孙成向洛阳男子张伯始购买土地的契约书。契约上约定:

> 根生土着毛物皆属孙成,田中若有尸屍,男即当为奴,女即当为婢。

这样的说法在当时非常流行,同书中还收录了房桃枝买地券(中平五年,188年),券称:

> 田中有伏尸,男为奴,女为婢。

但是,几乎相同的文句,用"臣"替代"奴",用"妾"替代"婢",这样的说法很早就有了。《左传》"僖公十七年"条记载:

男为人臣，女为人妾。

《史记》卷四十一《越王句践世家》中，句践向吴国投降时，句践的使者大夫文种起誓曰：

陪臣种，敢告下执事，句践请为臣，妻为妾。

"臣妾"一词历史久远，可以上溯到《尚书·费誓》。《费誓》是鲁侯伯禽在对徐夷开战前军中的誓言，其中有这样一句：

马牛其风，臣妾逋逃，勿敢越逐。（孔传：役人贱者，男曰臣，女曰妾。）

"臣妾"与"牛马"相提并论。从《费誓》的上下文中不难推测，文中所说的"臣妾"，都是鲁国权贵的奴隶。因为实行了戒严令，所以鲁侯告诫众人即使是牛马和臣妾逃走了，也不能擅自离开岗位去追逐。

那么，所谓的"臣妾"，究竟是一种什么样的身份呢？《左传》"襄公二十一年"条曰：

> 臣，戮余也。

我认为这是最能表达"臣"字原意的一句话了，即本该被杀的人被从轻发落，减死一等成为奴隶。被判死罪的人一般有两种可能，一种是战争中的俘虏，一种是犯下重罪的人。《墨子·天志下》云：

> 攻伐无罪之国……民之格者，则到拔之，不格者，则系操（或是"累"之误）而归，丈夫以为仆圉胥靡，妇人以为舂酋。

"仆圉胥靡"是臣的别称，"舂酋"是妾的别名。《吕氏春秋》卷九《精通》云：

> 钟子期夜闻击磬者而悲，使人召而问之，曰："子何击磬之悲也？"答曰："臣之父，不幸而杀人，不得生，臣之母得生，而为公家为酒。臣之身得生，而为公家击磬。臣不睹臣之母三年矣。昔为舍氏，睹臣之母，量所以赎之则无有，而身固公家之财也。"

这个奴隶不仅说自己是公家之财，还说母亲也是公家之财，也就是妾，从事造酒，即墨子所说的"春酉"。

关于臣妾所从事的劳作，从上面所举的事例中也可以看出一些，臣可以做仆圉（马夫）、胥靡（主人身边的侍从），或者是击磬一类的乐手，而这些内容都属于家内奴隶性质的劳作。作为"妾"的女子就更毋庸赘言了。我们完全找不到让臣妾从事农耕的例子。

而且，男的称为臣，女的称为妾，对不同性别的奴隶采用不同的称呼，这本身也是臣妾是家内奴隶的一个佐证。如果只是在室外从事体力劳动，那么性别就不那么重要了，但如果是在家内使唤，性别的不同也就决定了劳作内容的不同。

将臣妾视为家内奴隶以后，我们也就找到了理解以后臣妾地位变化的重要线索。臣和妾当然不意味着两者是夫妻，而是奴隶主所拥有的男女奴隶。

当权贵拥有大量的臣时，这些臣就会在主人的近侧形成群体。虽然他们在法律上的地位非常低下，但由于他们是主人的随从，并且形成了团体，所以他们的实际地位在渐渐上升，不仅成为主人的爪牙，甚至还能发展成为从内部操控主人的势力。实际上，中国古代的官僚就是从这些臣中衍生出来的，臣、官、宦三字在古代是通用的。例如，有关越王句践战败后臣服于吴国的历史，较早的记载有《吴越春秋·句践入臣外传第七》：

> 越王句践五年五月，与大夫种、范蠡，入臣于吴。

《国语·越语下》：

> 与范蠡入宦于吴。（韦昭注："宦为臣隶也。"）

《越绝书·地记传第十》：

> 句践入官于吴。

官僚源自作为奴隶的"臣"，这一点还可以从其他方面做出推测，即中国"宰相"这一称呼与奴隶的别称有很多是相通的。关于这一点，章炳麟在《章氏遗书》的《文录初篇》卷一《官制索引》中就已经设有《专制时代宰相用奴说》一章，阐述了他与众不同的见解，接下来想在参考此文的基础上阐述我自己的一些看法。

宰相本是"宰"和"相"两个字。"宰"，正如它的读音，是负责膳食的，这也是家内奴隶最适合从事的工作。《韩非子·难二第三十七》曰：

> 伊尹自以为宰干汤，百里奚自以为虏干穆公。虏，所辱

也，宰，所羞也。

这里的"宰"和"庑"是互文。有人认为，尹就是阉，也就是宦官。《战国策·宋卫》"谓大尹曰"条"中井履轩雕题"曰："大尹，盖阉人也。"

相是君主举行仪式时的侍奉者，《荀子·君子篇第二十四》曰：

> 天子……足能行，待相者然后进。

《尚书·顾命》曰：

> 相被冕服。（郑玄注："正王服位之臣，为大仆。"）

为王穿戴冕服的相就是大仆，这个"仆"字，还是奴隶的意思。后世唐朝中书省的实际长官尚书仆射亦源自仆人和射人。君主最亲近的尚书，直到西汉初期以前，和中书一样使用的都是宦官，宦官是最具代表性的家内奴隶。侍中一直到汉代都是贱官，负责端唾壶和虎子。"侍"字源于寺，寺人即为宦官的别称。三师的"师"字，原本也是指身份卑贱之人。《左传》"襄公二十六年"条记载：

寺人惠墙伊戾，为大子内师。

这和欧洲古代用奴隶作家庭教师是一样的。

　　古代君主的侍从一般有两种类型，一种是像西周的周公、召公以及鲁国的三桓那样，是同族亲戚，他们的身份通常比较高；另一种类型则是出身卑微者。根据古代的传说，伊尹是因为伺候膳食而接近商汤的；商代的中兴之祖武丁，是在傅岩从事苦力劳动的人群中发现傅说的，但实际上傅和"保"一样，都是负责照顾孩子的奴隶。齐桓公重用管仲，但管仲其实是战争的俘虏，既然是俘虏，那么他就一度是奴隶。其他做过齐桓公宰相的人，还有负责膳食的易牙和宦官竖刁。齐国表面上非常尊重国氏、高氏等名门大族，但君主身边实际掌握权力的其实是这批奴隶集团的领袖。秦穆公以五张羊皮赎回百里奚，那么百里奚也是奴隶无疑。

　　齐桓公以后，春秋时期君主身边的奴隶凭借其勇力而让国人惧怕的事例也不在少数，像鲁庄公时的圉人荦，在庄公死后甚至杀害了继位的子班。《左传》"襄公二十三年"条中记载了晋国范氏的奴隶崔豹和栾氏的奴隶督戎单挑的故事，双方都是鼎鼎大名的武士。最近的新学说只着眼于奴隶过着如何悲惨的生活，但多数奴隶其实是结成集团、有自己的组织的，组织中的队长具有很大的权力。作为君主，在制约奴隶时又必须利用奴隶，在被利用的过程中,他们地位至少在表面上得到了提高。这样的臣子集团,作战时即成为君主的亲卫队,也被称为"私属"或"私卒"。

随着君主权力的不断加强,身边臣子集团的权力也会随之加强,这样一来,原本并非奴隶的人也想加入到臣子集团中去。然而,既然是自己乐意加入了作为奴隶的臣子集团,那么就必须如奴隶一样侍候君主,于是就出现了新的君臣关系。这一新的君臣关系中的臣,对君而言是臣,但其新型的社会地位又逐渐被普遍认可而称为"官",其地位反而位于平民之上,成为特权阶层。这种关系恰如清代只有旗人才有权对主子自称奴才,对自称奴才的人而言,这毋宁是一种值得夸耀的特权。

但是,能够成为官的臣终究只是一小部分,多数臣依旧是奴隶。战国末年到秦代,"臣"字确实是奴隶的意思。如《史记·秦本纪》"昭襄王三十四年"条载:

南阳免臣迁居之。

意思是解放臣(即奴隶)为庶民,将之迁往新获取的领土南阳。

正如"臣"字的内涵在不断变化一样,女性家内奴隶"妾"的内涵也在发生变化。如前所述,妾专指奴隶,不包含侍寝的意思。此后,"妾"这个字也慢慢带上了姬妾的字义,妻妾连用的例子多了起来。

东洋的古代　087

上文曾经提及,《尚书》只是在《泰誓》中出现过"臣妾"二字,《诗经》中没有"妾"字,《周易》中虽有两处"妾"字,但都是女奴的意思。《春秋经》中没有"妾"字,但《传》中却有不少。《春秋传》中的"妾"字有两种意思,最多的还是臣妾的妾。如《左传》"襄公二十六年"条中的"共姬之妾",指的就是共姬身边的女奴隶。但《左传》"昭公元年"条"买妾,不知其姓则卜之"中的妾,指的则是姬妾的妾。正因为是买来作为姬妾的,为了不触犯同姓不婚的原则才需要占卜。此外,《左传》"昭公二十二年"条的"内宠之妾"和"襄公五年"条的"衣帛之妾",指的同样是姬妾。

《论语》中没有"妾"字,或许因为孔子是小市民,在他的周围看不到买妾或娶妾的现象。但《孟子》中"妾"字很常见,而且无一例外都是妻妾的意思。

想来春秋时期的贵族政治倾向还很强,贵族之间还很鄙视女奴那样的低贱身份,因此正妻之外再娶的行为被称作媵。然而,进入战国以后,在贵族制没落、专制君主权力加强的同时,普通民众的地位也相应地有了提高,庶民中那些稍稍富裕的人之间开始流行以纳妾为目的的女奴买卖行为。《孟子·离娄下》中有个很有名的故事,说的是那些并不富裕,甚至经常到人家葬礼上去偷拿蹭饭的齐国人都有一妻一妾。

如此,"臣妾"一词已经偏离了原来的语意,为了不产生误解，必须使用新的词汇，"仆妾"一词曾一度被使用过。《战国策·秦一》"张仪又恶陈轸于秦王"条中陈轸说："卖仆妾售乎闾巷者，良仆妾也。"这句话在《史记》卷七十《张仪列传附陈轸传》中写作"卖仆妾不出闾巷而售者，良仆妾也"，这样比较容易理解一些。

陈轸与秦惠王对话中"仆妾"的"妾"，基本上还保留了"妾"字的原义，但后来"奴婢"一词就替代了"臣妾"。很明显"婢"字意为卑微的女子，但"奴"字本身不存在性别上的差异，但为什么是女字旁？关于这一点，自古以来就有很多争论。其实这里只需要注意一点，"奴"是一个比较新的文字，没必要从其文字结构上去进行讨论。换言之，我认为"奴"字更具有表音的意思，而不是表意的。也就是说，奴字本来是"孥"字，以奴为音部，表示"孥"的意思。[八] 被没收的孩子称为"孥"，因此，"奴"字就可以看作省略了下方"子"字后剩下的音部。

"孥"字专用于抓捕罪人，"奴婢"一词也一样，本来是专指罪人的。《说文》曰："奴婢，古之罪人也。"死罪减一等的罪人，或死罪者的亲属被没入官成为奴隶，这就是"奴婢"的原意。《汉律》中将奴隶统一称为"奴婢"，隶属于政府的官奴很多都是因为犯罪而被没入的。《吕氏春秋·开春论》中有"叔向为之奴"，高诱注："奴，戮（或脱'余'字）也，律坐父兄没入为奴。"其中的"律"，指的或许就是汉律。[九]

东洋的古代

可以说，奴婢就是被判了无期徒刑的人。然而，在汉代有期徒刑的刑徒中，也有"隶臣妾"的说法。这一制度虽然在《汉书·刑法志》中有所记载，但总觉得有文字上的脱落，因而文意艰涩难解。此处省去冗长的考证过程只讲结论，那就是徒刑分为五等：

　　髡城旦舂：五年

　　完城旦舂：四年

　　鬼薪白粲：三年

　　司寇作：二年

　　隶臣妾：一年

刑期最长的是五年"髡城旦舂"，服役一年后降为四年的"完城旦舂"，这样每年都下降一等，最后服一年"隶臣妾"便可赦免为庶人。进入汉代以后，奴婢的地位非常低，沦为贱民阶层，而"隶臣妾"反而只是一年期刑徒。原本用来称呼奴隶的"臣""妾"，汉代以后基本不再使用，只是作为文学性的遣词被保留下来。比如对他人可以自称臣妾，但这种情况下的"妾"是谦称，是把自己降为你的奴隶，绝不是说我是你的姬妾，而姬妾则不能作为谦称。

　　总之，无论怎么说，汉代的奴隶都不是农业生产的主要劳动力。目前，中国关于奴隶制度的讨论很是热门，但据郭沫若的观点，汉代早已脱离了奴隶社会，进入了中世纪封建社会。[十]对于主张中国在唐末以前都是奴隶社会的那部分日本学者来说，郭沫若的观点实在是匪夷所思。只要站在唯物主义史观的立场上，就必须在两者之中进行选择，要么是奴隶制，要么是封建制，汉代既然已经不是奴隶社会了，那就必然是封建社会。对这样的史观，我实在难以认同，但在关于汉代农业生产很少使用奴隶劳动这一点上，我与郭沫若之间还是存在共鸣的。

七　庶民的地位

中国学者为了证明中国古代存在过奴隶制，最常用的方法就是把古代的庶民说成奴隶。这或许在一定程度上可以成立，但是把这些庶民性的奴隶直接与汉代的奴婢联系在一起，就会产生很大的矛盾。因为如前文所论述，奴婢是从臣妾发展而来的，而臣妾无疑自古以来就与庶民并存，两者之间有着明显的不同。

如果我们认可中国上古时代林立着无数带有都市国家性质的邑，而且每个邑都弱小无力，那么庶民这样的下层民众或许是不存在的。即便在门第上出现了高下之分，但所有市民依然还是国家的一分子，他们拥有完整的市民权。这就好比罗马市刚刚形成时一样，或者也可以将之比作当今日本依然存在的山村。

然而，当这些原本独立的邑之间爆发了战争，战争的结果，胜者捣毁了败者的邑，将被征服者带到自己的邑内居住时，又会发生什么样的情况呢？被征服者恐怕是不会被当作国家的一分子的，而是被当作义务很多、权利很少的劳务者。这如果发生在罗马，就产生了市民与非市民之间的差别。原本的市民能享有完整的市民权，而新来者只能享受一部分市民权。同样的现象在中国古代应该也发生过，原本的市民作为士人位居社会上层，而新来者则作为庶民位于下层。

那么，如何才能说明庶民和臣妾之间的区别呢？同样是战败者，有些人成了庶民，有些人成了臣妾，其中的分水岭又在哪里呢？这是一个很难回答的问题，因为胜者的权力是绝对万能的，握有生杀大权，成为臣妾还是成为庶民，只在他的一念之间。但一个社会总得有它的习惯法，很难想象这样的大事无论何时都可以漫无计划、随心所欲地决定。

我认为，臣妾和庶民的区别在于是俘虏还是被征服者。俘虏是作为斗士战败后被捕的，被征服者则是单纯地屈服于对方的武力。对待这两者的方法本身就不同，敌方的斗士是战犯，自然是从重处罚沦为臣妾，但如果不是斗士，或者从一开始就屈服的人，则可以给予庶民的待遇。于是，如果是一个已经出现士人和庶民这两个阶层的邑战败了，庶民反而可以继续作为庶民，士人则会被杀或沦为臣妾。虽然不能保证这样的原则每次都适用，但所谓庶民，恐怕就是在这样的情况下产生的。

中国古代的大邑通常都有两重城墙，内层称为城，外层称为郭。郭又可称为䧿，其音部"孚"就是指被抓起来的孩子，加上单人旁就是"俘"字，也就是被征服的意思。如果说郭或者䧿是保护民众的设施，那么所保护的民众就是庶民。

《逸周书·作雒解》中记载了周公将殷商遗民移至洛邑居住的事，称：

> 俘殷献民，迁于九里（晋孔晁注："献民，士大夫也。九里，成周之地，近王化也。"）

孔晁把"献民"解释为"士大夫"，不知其由。不过，即便以前是士大夫，一旦以被征服者的身份迁徙后，对周人而言也不过是庶民。《逸周书》随后又记载在成周建造了方七百（或是"十"之误）里的郭，这个郭必然是用来安置俘民的。此后的春秋时期也有很多关于俘民的记载，如《左传》"昭公十八年"条所载邾与鄅的交战，邾获胜后对鄅的人民"尽俘以归"。同样的记载还有《左传》"哀公四年"条楚人抓捕蛮子民之事。

和希腊、罗马一样，中国古代社会的确也存在过与市民权相当的东西。在古代，无论在哪个世界，作为国家成员的市民才有权持兵作战，那绝不是一种消极的义务。《尚书·费誓》所载鲁侯伯禽的军令中，命令被称为"人"的士，自备武器准备出战；同时命令被称为"鲁人"的庶民，准备好粮食和工具协助作战。可见，兵役权利的有无与市民权的有无密切相关。

"俘"也只能跟"虏"这样的字连起来构成词语，可想而知，最初俘民的地位应该与奴隶相近。然而，由于俘民与士庶长期在同一个邑中居住，因此，俘民也不可能永远被当作奴隶对待，因为在战争之际，国家对庶民的协助需求与日俱增。

由春秋进入战国，中国社会也进入了一个弱肉强食的时代，生存竞争极其严酷，稍一疏忽，昨日的强国明日就会被他国征服，丧失宗庙社稷。上层阶级陷入苦难的危险则更大。在富国强兵成为国家的头等大事之际，调动国内最丰富的人力资源——庶民，成为必然的选择。于是，国家向庶民征兵，将他们编入国民军。然而，这些都不是无偿的，一直以来被士人独占的市民权，不管多少总得分一部分给庶民。恰如古代罗马出现的那种市民势力，这在中国也同样发生过，只是没有经过传说中的罢工或据山自守就实现了。其实，逸闻轶事在历史上并没有什么太大的价值。

我曾经对《左传》中出现的公元前六七世纪各国推行的军政改革进行过考察，这些改革以州兵、丘甲、邱赋等名称表现出来，我认为，这些名称实际上都意味着把庶民编入了国民军。[十一]因此，中国社会也以此为界，发生了巨大的变化，那就是庶民地位的上升。

这里我使用了"市民权"这个词。当时的中国人是否自觉到这一点姑且不论，但的确存在着与市民权相当的东西，我相信以此为中心展开论述会更加有效。在罗马的市民权中，最重要的是任官权、参政权、所有权和结婚权四项。那么在中国古代，这四项权利又是如何行使的呢？

生活在中国上古时期的庶民是不享受任官权的。《孟子·万章下》曰：

> 庶人不传质为臣，不敢见于诸侯，礼也。万章曰：庶人召之役，则往役。

《孟子》中所说的"臣"，已经是官的意思了。但是根据所谓的礼，也就是上古传下的习惯法，庶人是不得凌驾于庶人之上作为官直属于君主的，庶人对国家的奉献只能停留在役，即劳动上。又，《墨子·天志上》曰：

> 庶人竭力从事，未得次己而为政，有士政之。

关于文中的"次"字，众说纷纭，我认为应该念作"恣"或"即"。"政"即"正"，是治民的意思。墨子认为，从政治民必须是士以上的人才能享有的权力。又，《左传》"哀公二年"条记载了赵简子出阵前鼓励部下的话：

> 在此行也，克敌者，上大夫受县，下大夫受郡，士田十万，庶人工商遂，人臣隶圉免。

"遂"就是仕官的意思。士与庶民之间，就像人臣隶圉即奴隶与庶民之间一样，存在着巨大的差距。可见庶民要想任官是非常困难的。庶民能自由任官要到战国以后，这与战国时期君主权力的加强有着密切的关系。专制君主并不希望在自身与人民之间还存在着一个世袭的特权阶层，而是试图直接统治人民，并巩固其与人民之间的联系。《荀子·王制篇第九》曰：

> 虽王公士大夫之子孙也（或是衍字），不能属于礼义，则归之庶人。虽庶人之子孙，积文学，正身行，能属于礼义，则归之卿相士大夫。

"属"是努力、勤勉之意。这既是荀子的理想，也应该是当时先进国家已经实现了的现状。也就是说，社会地位不应世袭，而应该由个人的能力来决定，这样的思想在当时已经很普遍。

这种思想经由法家的主张变得更加明显。《韩非子·显学第五十》曰：

故明主之吏，宰相必起于州部，猛将必发于卒伍。

"州部"或指从事耕作的人民。韩非子的话不单是理想，在当时的秦国实际上已经实现，白起那样的猛将就出身于行伍，而到处流浪的辩才也能被任命为宰相。

那么参政权又怎么样呢？春秋时期内乱等情况发生之际，时常可以看到"国人"这个词。《左传》"襄公二十五年"条记载齐国崔杼拥立景公时的情景：

崔杼立（景公）而相之，庆封为左相，盟国人于大宫。

此外，《左传》"昭公二十年"条记卫公"遂誓国人"，定公六年鲁国阳虎与鲁公和三桓在周社起誓后，又"盟国人于亳社"。这里的"国人"究竟是一群什么样的人？能够成为君主或实权者宣誓的对象，那应该是一个特定的集团。这个集团或许就是士的集会，他们对国政有着一定程度的发言权。在鲁国，即便是掌握了实权的三桓这样的公族，也不能无视国人的集会。尤其是跟军事有关的事务，国人的发言权特别大。《左传》"闵公二年"条曰：

卫懿公好鹤，鹤有乘轩者。将战，国人受甲者皆曰使鹤。

这是一个自古就很有名的故事。直到春秋时期，士都拥有对国政发表意见的权利，并在一定程度上参与政治，但还没有发展到由代表来投票决定的程度。

春秋末年到战国，庶民的地位虽然也在提高，但庶民在参政方面的力量可以说是极其微薄的。这是因为庶民地位的上升不是通过庶民运动获得的，而是来自专制君主自上而下的赐予。不过，有一点可以观察到，在所属的小邑内部，他们对舆论的主导超出我们的想象。汉代，乡亭一职虽然受到人们的重视，但如果没有舆论作为后盾，乡亭也是难以行使职权的。

市民权中最难有效行使的就是参政权。即使在古代的希腊、罗马，能正当行使参政权的黄金时代也是极为短暂的。参政权如果不能被正当行使，有和没有也就没什么区别了。即使在今天的文明发达国家，也总是在这一点上出现问题。

第三项是所有权。所有权中最重要的就是土地所有权。对于动产的所有权，即使是奴隶，其动产的所有权一般都能得到承认，但对于不动产，通常就有各种各样的限制了。

传统的中国人都相信，中国古代曾经施行过名为井田制的土地制度。但是，如果井田制真的存在过，那就意味着否定了人民的土地所有权。不要说所有权了，甚至连耕种权都难以确立，因为受田者老死以后，子孙的继承权都得不到保证。

尽管井田制本身非常值得怀疑，但从庶民来自于俘虏这一点去考虑，可以想象庶民最初的地位是很低下的。由此我们不妨认为，曾经存在过类似于井田制那样的国有土地制度，并把其中的一部分交给庶民耕种，后来这种土地制度被废除，人民拥有了土地所有权，例如鲁国就是在"初税亩"这一税制改革以后实现的（《左传·宣公十五年》）。这一传统的学说我想是接近史实的，而在最落后的秦国，孝公时期的商鞅变法起到了同样的效果。《汉书·食货志上》引董仲舒的话说：

用商鞅之法，改帝王之制，除井田，民得买卖。

尽管法律上已经允许土地自由买卖，但如果交换经济尚不发达，土地的处分权实际上仍是受到制约的。《荀子·王霸篇第十一》曰：

匹夫则无所移之，百亩一守，事业穷，无所移之也。

想要卖掉自己的土地然后改行从事其他事业，这在当时是十分困难的。但到了下一代韩非子的时代，似乎突然变得十分自由。《韩非子·外储说左上第三十二》曰：

中牟之人，弃其田耘卖其宅圃而随文学者，邑之半。

这或许只是一个寓言，但在《说林下第二十三》中也有"有与悍者邻，欲卖宅而避之"的说法。其实，如果孟母三迁的故事是真实的话，那么这说明在齐国这样的现象更早以前就已经出现了。

最后是结婚权。这里所说的结婚权，并不是单指结婚本身，而是意味着婚姻的有效性得到社会的公认，婚后生育的孩子能够毫无障碍地获得全部的市民权利。在中国古代，结婚如果不按礼法，其正当性是得不到认可的。但庶民则在礼制之外，《礼记·曲礼》云：

> 礼不下庶人。

庶民的婚姻恐怕只能限于庶民之间，与士以上的人通婚是不可能的。这虽然与姓氏制度有关，但庶民恐怕是没有姓的，氏也未必从一开始就是固定的。同姓不婚的原则，也有阻止与无姓庶民通婚的这层意义。

然而，姓氏制度的崩溃最先是从上流社会开始的。《左传》"昭公三十二年"条引《诗》曰：

> 三后之姓，于今为庶。

这首诗在今天的《毛诗》中找不到，说的是在有姓的士族当中，连那些有着高贵血统的人家，如今也没落成了庶民。

进入战国后，姓消失了。贵族后裔用氏来称呼自己的同时，庶民也开始拥有各自固定的氏。自古以来同姓不婚的制度实际上变成同氏不婚，这一原则此后被长期遵守，一直延续到最近。总之，在同氏不婚的时代，庶民之间只要不同氏就可以通婚，其婚姻的正当性也得到了认可。司马迁的《史记》中屡屡将姓、氏混同，从"姓某氏"这样的表述中即可窥见一二。

总的说来，中国上古的庶民虽然起初可能受到奴隶般的待遇，但庶民本身的地位在不断提高，绝不能等同于秦汉时期的奴婢。我坚决反对在古代奴隶制的名义下将两者混同起来。进入战国以后，允许庶民自卖为奴或者庶民也可以拥有奴隶，这样的事实更加雄辩地证明了我的观点。《战国策·秦四》"顷襄王二十年"条中这样来描写战国末期韩、魏的情况：

> 百姓不聊生，族类离散，流亡为臣妾，满海内矣。

这里的"百姓"就是庶民，"臣妾"就是奴婢。如前所述，两者不同的发展道路使他们走向了不同的终点。

士与庶的区别消失了，在原则上获得了同等的市民权之后，出现了"四民"这一名称。《穀梁传》"成公元年"条曰：

> 古者有四民，有士民，有商民，有农民，有工民。

当然，《穀梁传》中所说的"古者"其实并没有那么遥远，而且这样的现象也不一定就发生在其所标注的年代即成公元年（前590），实际上还延续到了遥远的后代。而"士民"这一名称颇为奇特，因为古时"士"并不是"民"。类似的将"民"与"士"同样视为国家组成人员的思想，在《穀梁传》的其他地方也能够看到，如"桓公十四年"及"僖公二十六年"条有"民者君之本也"，"桓公六年"和"僖公十六年条"有"夫民，神之主也"。

既然庶民的地位得到提高，那么征服战争中把对方国家的人民带回国内当奴隶使唤就不可能了。于是，人民通常会保持原状，由征服者派遣官吏前往治理。但是如果这片土地是战略要地，有必要更换人员时，原先的人民也会被自由遣散。如果《左传》可信的话，那么这样的现象从僖公二十五年前后就已经开始了。

> 晋于是始启南阳，阳樊不服，围之。仓葛呼曰："德以柔中国，刑以威四夷，宜吾不敢服也，此谁非王之亲姻，其俘之也。"乃出其民。

这种"出民"的处置方法，进入战国以后就更加流行了，如《史记·魏世家》"文侯十三年"条"使子击围樊、庞，出其民"，《史记·秦本纪》"惠文君十三年"条"使张仪伐取陕，出其人与魏"，《史记·秦本纪》"昭襄王二十一年"条"魏献安邑，秦出其人，募徙河东赐爵，赦罪人迁之"，等等。敌我双方都必须尊重庶民的权利，这是社会整体上的进步，同时也为秦汉统一帝国的出现奠定了基础。

实际上，秦汉帝国对中国的统治，就是通过给予庶民完整的市民权这一诱饵来博取人民的欢心的，其中最具代表性的手段就是赐爵。爵的最下一等称公士，显示了其地位在士之上。庶民通过服务政府，任何人都可能获得爵位。然而，庶民的自觉，还是远远超越了政府的政策设计，甚至达到了《史记·陈涉世家》中"王侯将相，宁有种乎"的境界。进入汉代以后，政府时常给全体国民赐爵。至此，全体人民都已经获得了士的待遇。

八 结语

从上古到汉代的中国古代史，是一部连续发展的历史，尤其可以说是一部经济成长的历史。但是，这样的成长和发展也并非一帆风顺，而是屡遭危机，又不断克服困难继续前进的。在这近一千年的发展过程中，一共遇到了四次值得我们注意的社会危机。

中国上古社会是由很多势力相当的弱小都市国家邑组成的集合体，这些小国家的民众——农民，整体上都是国家的成员。但是，在由邑与邑之间的敌对关系引发的战争后，胜利一方吸纳了被征服的人民和土地，逐渐形成了大邑，大邑内部则分成作为征服者的士阶层和被征服者的庶民阶层。邑与邑之间的争霸战争，到了春秋时期变得更加激烈，这些永无休止的战争也给大国的士阶层带来过重的负担，任何一国都为之疲敝。国内爆发庶民的反抗，甚至出现奴隶的臣集团的专横；国外一度臣服的小国也出现动摇，叛服无常。这就是第一次危机。这一危机通过君主权力的加强以及对庶民的优待措施，即给予庶民市民权等方法而得以缓解。在此之际，君主权力的加强促使了臣集团的质变。"臣"，起初只是在君主近侧侍奉君主的奴隶集团，但却以他们为中心形成了官僚组织，政治上结成群体，战时作为君主的亲卫队而日趋活跃。最终，昔日的国民军被君主的私兵替代了。实现这一蜕变的国家就是战国七雄，而那些执着于古老传统的国家，则在列国之间的竞争中逐渐落伍，最终走向了灭亡。

进入战国以后，列国之间的征战不仅没有停息，反而规模更大，造成的破坏也更加严重。军备需要庞大的财力，战争又会损耗无数的性命，在这样的背景下，我们看到了商业资本的发达。大规模的战争之所以能够实现，很大程度上是由于商业的兴盛和发达，而战争无论胜败，收益最大的都是商人。战争导致人民疲敝，最终难免沦为奴隶，而大商人却积累下了雄厚的资本，甚至拥有在幕后左右国家政治的实力。而且商人本来就是那种没有国籍的群体，资本在什么地方最安全，什么地方就是他的家园。这就是中国古代史上遭遇的第二次危机。对于这场危机，似乎并没有要回避的迹象，反而是由于社会的竭力推进得到暂时的平息，这就是秦统一六国。

战国时期铁器的流行使军队的大规模武装成为可能，骑马战术的流行又给胜者提供了扩大战果的绝佳机会。骑马部队从事的奇袭战、谍报战、包围战等等，对旧时的车战而言都是无法想象的新战术。到了战国末期，因一战之败而给国家带来致命打击的事例不在少数。于是，拥有长则千年短则百数十年历史的强国相继灭亡，秦国成就了统一天下的大业。

秦统一天下后，废除了原有的封建制，改行郡县制，地方成为中央政府的直属领地。但被征服的六国未必欢迎这样的新制度，在它们看来，这只是被秦国征服后的统治，特别是过重的负担给人民造成极大的困苦。而在秦朝看来，面对当时新兴于北方的游牧民族匈奴的崛起，全中国的国防重任自然就落到了自己的身上，因此为巩固国防而动员国民，也是不得已的措施。但对于六国人民来说，这只是秦始皇的好大喜功而已。确实，这里也存在着拙劣的中央集权政治带来的弊害。于是，六国人民蜂起，天下陷入大乱。这就是中国古代史上的第三次危机。

东洋的古代

这场内乱既无方向也无理想，由此也可想见当时危机之深刻。六国方面只在推翻秦朝这一点上是一致的，但秦朝一旦被推翻，社会既不是旧六国时代的重现，也没有人具备周王室那样的地位来指导列国，更没有人能够预见到任何新的秩序。于是，大乱中形成的各股势力，在秦朝灭亡后行动依旧漫无目的，人民的苦难也因此更为深重。最后，当汉高祖刘邦征服项羽统一天下时，人民的疲敝已经达到顶峰，对于新建立的汉朝而言，勉强支撑都已精疲力竭。但是，再次出现的和平，终究还是给人民带来了重建家园的勇气。

汉朝建立伊始，采用了人们抵触感最低的权宜主义，推行封建制和郡县制并存的政策。但随着政权的不断巩固，权宜之计也再次受到挑战，实现全国的真正统一成为统治者的志向。对于北方的匈奴，外交上也由建国初期的卑恭态度转向更加积极的政策。这样的统一政策在汉武帝时期开花结果，最终造就了可与欧洲的罗马、西亚的波斯匹敌的东洋古代帝国。汉帝国的理想是通过全民赐爵的方式，给予国民完整的市民权，从而实现对全国的统治。

在汉帝国相对漫长的和平统治下，社会产生了贫富不均的问题。贫富悬殊的问题未必是从汉朝才开始的，应该是从货币经济产生的那一刻就开始了，但当时的国家规模还小，而且是在诸国林立的非常时期，财富的势力一时得以收敛。

然而到了汉朝，在稳固的中央集权下产生的财富势力根基十分牢固，而且随着土地投资的流行，贫民的土地遭到权贵的兼并。贫民一旦失去土地，就意味着失去了市民权，不再是自由民，从而逐渐脱离国家的控制，成为权贵的私属。另一方面，权贵不断巩固与政权的关系，成为世代凭借官位统治人民的特权阶层。由于特权阶层的存在，市民原先拥有的市民权也就难以有效行使，由此加速了庶民的没落。原先士、庶之间的差别，此时已演变为吏、民之间的差别。吏的权力日益加强，以致出现了世袭化的倾向，一般人民只能屈服于官吏的权力之下。市民权一旦无法行使，它事实上就被无情地收回了。

官吏的特权地位原本是以汉王朝为后盾建立起来的，然而官吏领袖的势力最终却发展到足以威胁汉皇室的地步。但是，一派官僚得势后，反对派就会形成。就在官僚之间的党争动摇着汉室统治的同时，富豪的兼并、人民的没落也愈演愈烈，最终威胁到了中央政府的财政。这就是中国古代史上的第四次危机。

王莽出台的许多新政策，目的就在解决这场危机，但结果却加剧了社会的混乱。在两汉之间的混乱中，虽然社会弊病得到了一定的纠正，光武帝的汉朝中兴也使社会一时间恢复了和平，但是，由于危机的根本没有得到解决，贫富悬殊问题在东汉王朝最终发展成为无法治愈的痼疾，最终将东汉王朝引向灭亡，中国也踏上了古代帝国崩溃的道途。

总的来说，中国古代史是一部发展的历史。从都市国家的林立，到统一的古代帝国，从自给自足的自然经济到交换经济，从野蛮到文明，所有的领域都能看到显著的进步。特别是在经济上，借用今天的话来说就是高度增长期，换言之也就是景气的时代。虽然与之伴生的社会弊病也相当严重，但社会的发展力量能够克服这些弊病，多次成功地回避了危机，使得顺应形势的社会改组成为可能。

上面我用了"景气"一词，当然这与当今资本主义经济下的景气不是同样的概念。然而，人类社会的发展，从根本上来说有着极强的连续性。世界无论怎样进步怎样创新，都很难想象会出现与过去完全断裂的组织。景气现象也是一样，古代有古代的景气。简单地说，就是生活在某个时代的人们，与昨天的经济生活相比，两个人中有一个人会觉得明天比今天会更好，这就是景气的时代。只要对明天有憧憬，人民就愿意顺应新的体制，并努力促使社会发展。生活在中国古代社会的人们，虽然身处战乱和因社会矛盾引发的痛苦之中，却始终对人生保持着乐观的态度，没有对将来失去信心。

然而，东汉末年内战和社会混乱的严重程度超过了以往任何一个时代，最直接的后果就是经济陷入了低谷。经过长期的发展好不容易积累起来的黄金和铜钱，从海陆两路流向西亚，从而出现了钱荒。再者，由于富豪和权贵拼命囤积货币，以致金钱一旦离开下层民众以后，下层民众必须通过几倍的努力，才能重新获得。而且，政府还不断通过租税、地价等形式在经济上加大对人民的剥削。

东汉末年大乱之后，通过曹操的努力社会秩序暂时得以恢复，但这绝不意味着社会问题和经济问题的解决，只不过是延缓了危机的到来。全国处于长期的戒严令下，在军政的重压下勉强维持秩序而已。政府也好，官僚也好，军人也好，民众也好，理想被剥夺，无一不在苟且中度日。

最令人痛心的是，这种状态就此半永久性地维持了下去，戒严令日常化了的中国社会不得不随之转型。不用说，这就是中国的中世纪。

注释

[一] 拙著《东洋的近世》在海外的反响，有以下几例：蒲立本：《中国历史与世界历史》(Pulleyblank, *Chinese History and World History*)，1955年；费正清、Banno：《日本的现代中国研究》(Fairbank and Banno, *Japanese Studies of Modern China*)，1955年；M. 本田、E. B. Caedel：《战后日本的远东研究》[M. Honda & E. B. Caedel, *Post War Japanese Research on the Far East* (Asia Major)]，1954年。（译者按：Banno、Caedel无法回译。）

[二] 笔者关于中国古代聚落的拙稿有以下几篇：《中国城郭起源异说》(《亚洲史研究》第一卷，后收入《宫崎市定全集》第三卷)、《中国上古是封建制还是都市国家》(《亚洲史研究》第三卷，后收入《宫崎市定全集》第三卷)、《中国聚落形态的变迁——关于以邑、国、乡、亭、村的考察》(《大谷史学》第六期，1957年，后收入《宫崎市定全集》第三卷)、《中国村制的确立——古代帝国崩溃的一个侧面》(《东洋史研究》第十八卷第四期，1960年，后收入《宫崎市定全集》第七卷)、《魏晋十六国北朝华北的都市》(《东洋史研究》第二十卷第二期，1961年，后收入《宫崎市定全集》第七卷)、《战国时期的都市》(《东方学论集》，1962年，后收入《宫崎市定全集》第三卷)、《汉代的里制与唐代的坊制》(《东洋史研究》第二十一卷第三期，1962年，后收入《宫崎市定全集》第七卷)。

[三] 文中所言"可垦""不可垦"，很明显是将两个相反的条件罗列，无法判断其含义。ао殿本所注："宋祁曰：可垦下越本无不可垦三字，淳化本无不垦二字，邵本无可字。"可见自古就存在着字词上的争论。或可从越本之说，"不可垦"三字为衍字，或可从邵本为"可垦不垦"，两者皆可。

[四] 关于井田制可参考如下拙著:《古代中国的税赋制度》(《亚洲史研究》第一卷,后收入《宫崎市定全集》第三卷)、《顷亩、里与丈尺》第二章《作为面积的里——尤其是〈诗经〉中的"三十里"》(《东方学》第二十八辑,1964年,后收入《宫崎市定全集》第十一卷)。

[五] 关于阡陌的讨论,可参考以下研究:守屋美都雄《关于阡陌制度的诸研究》(《中国古代史的诸问题》,1954年)、守屋美都雄《开阡陌的一种解释》(《中国古代的社会和文化》,1957年)。又,阡陌二字有时作仟佰,现统一作阡陌。

[六] 一般把"钟"的容量解释为六斛四斗,此说不当。请参考拙稿《〈史记·货殖列传〉所见物价考》(《京都大学文学部五十周年纪念论集》,1956年,后收入《宫崎市定全集》第五卷及本书)。

[七]《中国的奴隶制与封建制分期问题论文选集》,1956年。

[八] 关于"奴"字的解释有蒲立本《中国奴隶制的起源与本质》(Pulleyblank, *The Origins and Nature of Chattel Slavery in China*, Journal of Economic and Social History of China),1958年。

[九]《吕氏春秋·开春论》的高诱注虽广为引用,但其意仍不明确。"奴,戮也"无法理解,无疑是《左传》"襄公二十一年"条"臣,戮余也"中"臣"字改写为"奴"字后的形态,如果补上"余"字,就成了"奴,戮余也",或许是书写人下笔之际联想到了《尚书·甘誓》中的"孥戮"一词,将"奴戮"视为上下连文,且脱了下面的"余"字。下文"律坐父兄,没入为奴"一句,《三国志》卷十二《魏书·毛玠传》中有"汉律罪人妻子,没为奴婢,黥面"的句子。又,《初学记》卷十九《奴婢第六》引《风俗通》曰:"古制本无奴婢。"可见也没有"奴婢"这样的文字。古典典籍中很少出现的"奴"字,出现在《周礼》中尚可理解,但出现在殷墟的甲骨文中,这一现象让我很是费解。

[十] 关于郭沫若的历史分期论。关于古代社会结束于何时，郭沫若最初将之定在西周（《中国古代社会》），此后，时间的下限几次下延，见其《奴隶制时代》第四节《奴隶制的下限在春秋与战国之交》和第五节《附论西汉不是奴隶社会》这两部分。此书除单行本外，还收载于前引《中国的奴隶制与封建制分期问题论文选集》中。

[十一] 以春秋时期为中心的军制与田制改革，可参考拙稿《古代中国赋税制度》(《亚洲史研究》第一卷，后收入《宫崎市定全集》第三卷）。

（《东洋学报》第四十八卷第二、第三期，1965年9月、12月）

《史记·货殖列传》所见物价考

一　汉代的物价记录与《史记·货殖列传》

能够了解汉代物价情况的史料大约有三类。第一是散见于汉代各种文献中的零星记载，这一部分史料，民国十八年（1929）《燕京学报》第五期发表的瞿兑之《西汉物价考》一文已经对其做了很好的搜集。第二是近出的汉简。虽说这些汉简出土于边境地带，具有较大的特殊性，但仍不失为如实传达当时生活状况的基本史料。尤其是其中关于物价的记录，甚为宝贵。这些资料的整理和研究，有简牍专家劳榦的力作《居延汉简考释》（以下简称《考释》）及《汉简中的河西经济生活》（《历史语言研究所集刊》第十一本）两种。此外，还有利用这些成果撰写的平中苓次教授的《居延汉简与汉代的财产税》（《立命馆大学人文科学研究所纪要》第一号），以及最近宇都宫清吉教授所著《汉代社会经济史研究》中的第三章《西汉时期的都市》。第三就是宇都宫教授在书中业已论及的《史记·货殖列传》。我在本文中想展开探讨的，也是《史记·货殖列传》中可称作物价一览表的一段文字。

众所周知，《史记·货殖列传》中有一段可以当作当时物价一览表的文字，有志于中国史研究的学者，大概都会尝试依据它来对汉武帝时期的物价进行复原。大约三十年前读大学的时代，我曾忝列内藤湖南博士的讲堂，聆听博士讲授东洋古代史，当时内藤博士要求以《货殖列传》为题材撰写那个学期的读书报告，于是我也饶有兴趣地对其中的物价展开过复原，但那段文字开头部分中有关马牛羊彘价格的叙述无论如何也难以解释清楚，只得因循旧说敷衍了过去。此后虽就同样的问题几次求索，但终究未得门径。近来，偶然出于某种需要再次触碰这个久违的课题，总算勉强找到了答案。观点是否真正妥当，披沥于此，敬乞方家批评指正。

首先将《货殖列传》这段文字中存在疑问并想就此展开讨论的部分抄录如下：

> 封者食租税，岁率户二百。千户之君则二十万，朝觐聘享出其中。庶民农工商贾，率亦岁万息二千，户[1]百万之家则二十万，而更徭租赋出其中。衣食之欲，恣所好美矣。故

---

[1] 中华书局标点本以"户"为衍字，参见梁玉绳《史记志疑》。

曰陆地牧马二百蹄,牛蹄角千,千足羊,泽中千足彘,水居千石鱼陂,山居千章之材。安邑千树枣;燕、秦千树栗;蜀、汉、江陵千树橘;淮北、常山已南,河济之间千树萩;陈、夏千亩漆;齐、鲁千亩桑麻;渭川千亩竹;及名国万家之城,带郭千亩亩钟之田,若千亩卮茜,千畦姜韭:此其人皆与千户侯等。然是富给之资也,不窥市井,不行异邑,坐而待收,身有处士之义而取给焉。……凡编户之民,富相什则卑下之,伯则畏惮之,千则役,万则仆,物之理也。夫用贫求富,农不如工,工不如商,刺绣文不如倚市门,此言末业,贫者之资也。通邑大都,酤一岁千酿,醯酱千瓨,浆千甔,屠牛羊彘千皮,贩谷粜(籴)千钟[一],薪藁千车,船长千丈,木千章,竹竿万个,其轺车百乘,牛车千两,木器髹者千枚,铜器千钧,素木铁器若卮茜千石,马蹄噭千[二],牛千足,羊彘千双,僮手指千,筋角丹沙千斤,其帛絮细布千钧,文采千匹,榻布皮革千石,漆千斗,糵麴盐豉千荅,鲐鮆千斤,鲰千石,鲍千钧,枣栗千石者三之,狐貂裘千皮,羔羊裘千石,旃席千具,佗果菜千钟,子贷金钱千贯,节驵会,贪贾三之,廉贾五之,此亦比千乘之家,其大率也。佗杂业不中什二,则非吾财也。

引文中加点的部分尤为费解。

《史记·货殖列传》所见物价考　117

据司马迁的看法，食封千户之邑的诸侯有着体面的身份，每年平均向每个封户征收二百钱的租税，合计就有二十万的收入。然而，即便是庶民，如果持有充足的资本进行生产，每年获得二十万的收益也非难事。并且，即使没有那么多的资本，如果能将财富巧妙地运作，从事大规模商品的经营，同样有可能获得每年二十万的利润。一读便可知，引文中以省略号为界，前半段是各种生产资本的数量表，后半段是经营商品的数量表。

二　马牛羊彘的价格

我们首先从《史记·货殖列传》中最令人费解的"马牛羊彘"部分开始。引文中加点的两段，若依前人的注释，应该是这样的。

前半段：不论是在陆地上养殖（A）马二百蹄、（B）牛蹄角千、（C）羊千足，还是在（D）泽地上养殖彘千足，都能称得上是家产百万的资产家。

后半段：在大都会里从事商品经营，以20%的盈利为前提，一年之间经销（a）马蹄噭千、（b）牛千足、（c）羊千双、（d）彘千双，其收益都有二十万钱。

这两段文字中用来表示数量的词语非常特别，必须将其明白无误地解释清楚才行。《史记》的这段文字几乎原封不动地被

《汉书·货殖传》引用，而前人在注《史记》和《汉书》时已经做出了解释，他们的解释是：

（A）马二百蹄，指马五十匹。对此没有异议。

（B）牛蹄角千，指牛一百六十七头。牛有四蹄、二角，合计为六，以六除一千，得一百六十六有余，取其整数为一百六十七。

（C）千足羊，指羊二百五十只。

（D）千足彘，同样指猪二百五十头。

（a）马蹄噭千，噭是口，马有四蹄一口，合计为五，以五除一千，得二百匹。

（b）牛千足，指牛二百五十头。

（c）羊千双，为羊两千只。

（d）彘千双，同样是二千头。

A、B、C、D 四项分别相当于百万钱资本，从中可推算出上述各种家畜的单价，即（A）马二万钱、（B）牛约六千钱、（C）羊四百钱、（D）彘四百钱。[1]

同理，a、b、c、d 各项分别为能获得二十万钱利润的交易数量。

---

1 此处羊和彘的"四百钱"皆为"四千钱"之误，但因影响到下文的论述，故不做更正。本书《解说》篇中亦有说明。

《史记·货殖列传》所见物价考　　119

因文中说交易利润为20%，则全部资本为百万钱才能获得二十万的收益，因此每头的单价也可以计算出来。若用最快捷的算法，即分别以各项的数量为除数除一百万，其结果则是（a）马五千钱、（b）牛四千钱、（c）羊五百钱、（d）彘五百钱。不过，这里所示的金额是买入价，若求卖出价格，须在此基础上各增加20%的回扣数。为简便起见，暂且不考虑利润的问题，将以上数据制成清晰易懂的表格，即第一表。

第一表

	（前半段）相当于百万钱的资产			（后半段）二十万收益的交易量		
	原文	头数	单价	原文	头数	单价
马	二百蹄	A 50	20,000	蹄噭千	a 200	5,000
牛	蹄角千	B 167	6,000	千足	b 250	4,000
羊	千足	C 250	400	千双	c 2,000	500
彘	千足	D 250	400	千双	d 2,000	500

　　细审此表，便会生出难以消解的疑窦。首先，前半段与后半段是在同一条件下进行比较的，表中所显示的数字，相互之间应保持一定的协调，最好是前半段的单价与后半段的一致。然而，作为资本计算的马价为二万钱，贩卖时却只有五千，这让人无法理解。如果将前半段所指的马看作母马，后半段是仔马的话，表

格中马价的差异尚能说得通，但依此类推，羊一栏中则是母羊四百钱，仔羊五百钱，大小的价格反而逆转了。理论上说，前后两段所显示的金额即使不一致，也应该存在着某种比例关系才能相互协调。

其次，前、后半段牲畜的数量也应该是一致的，这是因为前半段是价值百万钱资本的数量，若后半段所示数量以20%的利润交易能获得二十万钱，那么牲畜的总价也应该是一百万。前面已经说了拥有五十匹马即等同于百万钱的资本，但后面又说贩卖二百匹马的总价同为百万钱，且能从中抽取二十万的利润，如此，前后的矛盾就显现了出来。即使前半段与后半段的牲畜数量不同，也应该有某种固定的比例存在，否则算不上是一张平衡的价格表。因此，最亟须解决的问题是使第一表中显示的数字相互协调。

要想协调第一表中的数据，强行篡改原文中的数字和单位是不可取的，只有在万般无奈之下才能考虑。如果更改个把字就能使全表整齐可观，这倒也可以一试，然而，在这里想改变一两个字来解决问题似乎并不济事。如此，剩下的就只有改变解释方法这一条出路了。对这段文字的解释，前人早就经过反复的揣摩，在别人看来或许早已没有置喙的余地，不过我还是有些自己的想法。接下来就请读者跟我一起去欣赏这魔术般的把戏吧。

关于马"二百蹄"和"蹄噭千",我对以前的解释没有异议。不过在《史记索隐》中提到,有一种说法认为"噭"不仅指口,还应包括口在内的身体上的九个孔穴。根据这种理解,则蹄、噭相加为十三,"蹄噭千"就可约成七十八匹。但是,即便将这个结果代入,第一表中的数字仍不能一下子协调起来。相对而言,司马迁使用这种不可思议的表现方式,应该预料到其结果必然是一个整数,既然上文已经算出二百匹这样一个整数,也就没有必要修改了。

其次是"牛蹄角千"。看起来这一说法似乎没有讨论的必要,实际上却大有问题。《汉书注》引孟康说来解释这句话:

> 百六十七头也。马贵而牛贱,以此为率也。

紧接着,颜师古又做了更加详细的解释:

> 百六十七头牛,则为蹄与角凡一千二也。言千者,举成数也。

这样一说似乎就没有质疑的余地了。但是,如前所述,司马迁所作的价格一览表与后世的吏牍不同,不是单单记述一个概略的比例,可能已经预料到结果是一个一目了然的整数,没有必要使用这样一个零碎的数字，而且算出的一百六十七这个数字，与马的匹数 A 以及后半段牛的数量 b 之间，也缺乏对应的关系。

那么，怎样的新解才合理呢？牛只生两角，毫无质疑的余地，唯有"蹄"字可以探讨。其实牛的蹄与马不同，是一分为二的。用动物学的名词来说，马属奇蹄目动物，而牛属于偶蹄目。因此，牛有四肢，应算作八蹄，再加上两角就是十了。因此，"牛蹄角千"，正是牛一百头的意思。如此一来，牛的数量与马的数量之间就形成简单的比例关系。或许孟康先生没有亲眼见过牛蹄的样子，抑或是他看到的参考书里没有写明"牛，偶蹄也"这一类的话。颜师古及以后的学者又都囫囵吞枣地接受了孟康的说法，再加上前文有"马二百蹄"一句，于是不知不觉地将牛的"蹄"与马的"蹄"混淆，做出了相同的解释。如果更加肆意想象的话，司马迁在叙述牛、马时同用了一个"蹄"字，一处表示"一"，指奇蹄，另一处表示"二"，指偶蹄，这或许是一个恶作剧式的玩笑，提醒大家要好好思考，千万不要算出一百六十七这样的零数来，而孟康却完全落入了这个圈套。

可是，前半段牛的数量 B 如果是一百，就要对后半段的牛 b，即二百五十头这个数字产生怀疑了。这是因为马在前半段 A 是五十匹，而后半段 a 是二百匹，比例为一比四。而牛在前半段是一百头，后半段若是二百五十头，则比例是一比二点五，有些失衡。于是，下面就需对"牛千足"这个再直白不过的三个字展开讨论了。

《说文解字》对"足"这个字是这样解释的：

> 人之足也，在下。

特别说明是"人之足也"，并非兽足。然而实际上"足"这个字用得非常广泛，鼎有鼎足，兽有兽足。不过，据《说文》"在下"的解释，"足"有拟照人足特征，专门用来表示下肢或后肢。《晋书》卷十一《天文志》中叙述相当猎户星座的参宿时这样写道：

> 参，白兽之体。其中三星横列，三将也。东北曰左肩，主左将；西北曰右肩，主右将；东南曰左足，主后将军；西南曰右足，主偏将军。

将猎户座的四个大角分别视为白兽的身体，北（上）边的两颗星相当于白兽的左右肩，南（下）边的两颗星相当于左右足。在《汉书》卷二十六《天文志》里，同样将这个星座视为白虎的形状：

> 其外四星，左右肩股也。

只是《晋书》中的"足"在这里换成了"股"。另外,《西京杂记》记载了一则神话故事:

> 广川王发栾书冢。明器朽烂无余。有一白狐,见人惊走。左右戟逐之,不能得。伤其左足。其夕王梦一丈夫,须眉尽白,来谓曰:"何故伤吾左足?"乃以杖击王左足。王觉,左脚肿痛生疮,至死不差。[1]

这里也将白狐的左后肢拟人化地写作"左足"。总之,文献中存在将动物拟人化,称其前肢为肩,后肢为足或股的用法。司马迁曾用牛蹄的个数来嘲弄世人,"牛千足"也与之类似,其意为牛的后肢总计一千,那牛的数量就是五百头了。这样,牛的数字,前半段为一百头,后半段为五百头,比例为一比五,与前文中马的比例就几乎相等了。

羊和彘的情况也一样,前半段的"千足"当然也都应该算成

---

[1] 此处引文与今通行本《西京杂记》卷六原文稍有出入,今本为:"广川王去疾,好聚无赖少年,游猎毕弋无度。国内冢藏,一皆发掘。……栾书冢。棺柩明器,朽烂无余。有一白狐,见人惊走。左右遂击之,不能得,伤其左脚。其夕,王梦一丈夫,须眉尽白,来谓王曰:'何故伤吾左脚?'乃以杖叩王左脚。王觉,脚肿痛生疮,至死不差。"未见有作"足"字。此故事亦见明胡应麟辑二十卷本《搜神记》卷十五,文字相近,其中《西京杂记》作"脚"处皆作"足"。然明辑本《搜神记》中这则故事引自《太平广记》卷四百四十七,而《太平广记》未注明出处,则似非《搜神记》原本所有。故今所见作"足"者应不早于《太平广记》。"脚""足"相通。

为五百头,后半段的"千双"无疑就是两千头,所以前、后段中算出的比例都是一比四。至此,再来综观全表,前半段与后半段之间,以及纵向的A、B、C、D之间的比例大体上实现了平衡,想要追求更加协调的结论恐怕已是不可能了。牲畜的数量改变了,单价也必然会随之改变。用新的数值置换第一表的相应内容,就形成了下面的第二表。

第二表

	（前半段）相当于百万钱的资产			（后半段）二十万收益的交易量		
	原 文	头 数	单 价	原 文	头 数	单 价
马	二百蹄	A 50	20,000	蹄噭千	a 200	5,000
牛	蹄角千	B 100	10,000	千 足	b 500	2,000
羊	千 足	C 500	2,000	千 双	c 2,000	500
彘	千 足	D 500	2,000	千 双	d 2,000	500

这样《货殖列传》中的物价一览表就变得明快而晓畅了。[三] 但是,问题并未就此解决,第二表中前、后两段的单价之间还有着相当大的悬殊。作为资产的马、牛,单价相当于商品单价的四到五倍,这很难想得通。如果生硬地附会这个价钱,在一些特殊情况下并不是不能成立,比如将作为资产的马看作母马。《汉书》卷六《武帝纪》"元狩五年"条记载,由于连年对匈奴作战,天下马匹数量减少,于是规定牝马的平价为每匹二十万钱。相形之

下，表格中两万钱这个价钱就不值一提了。但是，如果这种情况只适用于作为资产的马，则又出现了新的疑惑。假设现有单价两万的牝马五十匹，每年繁育四十匹马驹，每匹马驹卖五千钱，正好获得二十万。粗略一想似乎很合理，但仔细思索，四十匹马驹必然是牝牡参半，母马和牝驹的价格不应相差如此悬殊。而且司马迁也没有特别强调市面上出售的马都是马驹。关于彘，则更为费解。假如有母彘五百头，每年产仔四百头，每头以五百钱出售，可获利二十万。然而像猪这样繁殖力极强的家畜，五百头母猪每年倘若只生育四百头幼仔，就显得过少了。假如只将小公猪拿去出售，那么小母猪又没有着落了。总之，怎样考虑都感到矛盾。用牛蹄的数目来迷惑孟康的司马迁，应该不会在这个时候露出破绽，但前、后两段单价出现如此大的差距，终究还是让人困惑。如果想拉近两者之间的距离，前提必然要对"前半段牲畜的数量相当于百万钱的资产"这一命题产生怀疑。

于是我们再度玩味《史记·货殖列传》的原文，发现前半段牲畜的数量未必要作为价值百万的资产来理解。它固然是与再生产相关的数量，但不一定是生产资本本身。在引文中，司马迁重点要强调所谓二十万钱的生产利润，因此将前半段的数量看作年产出量也无不可。这种解释并不是什么新发明，在《货殖列传》下文的"水居千石鱼陂"之后，《史记正义》解说道：

　　　　言陂泽养鱼，一岁收得千石鱼（卖）也。[四]

　　石是重量单位，一石等于一百二十斤。《正义》认为，所谓"千石"，不是资本的所有量，而是一年的产出量。这样说来，前半段马牛羊彘的数量也可以看作牧场每年的生产量，或者说能够出售的数量。

　　若将前半段的数量视为年生产量，则其总价就不再是一百万，而是二十万钱了。于是重新计算各种牲畜的价格，马每匹的单价即为四千钱，与后半段五千钱的单价非常接近。以同样的算法，牛在前半段中的单价为二千，与后半段中的价钱完全一致。羊、彘在前半段中的单价为四百，后半段为五百，也相差无多。逻辑上巧妙的吻合，证明了前提的正确性。由此，仅限于与畜牧相关的文字，将前半段的数量理解为牧场中一年的繁育量应该是没有问题的。现在，将司马迁叙述的内容明白易懂地翻译出来，即如下所示：

　　（A）在陆地上从事畜牧业，每年若能繁育五十匹马，就可获利二十万钱。

　　（B）每年繁育一百头牛，可获利二十万钱。

　　（C）（D）每年分别繁育羊、彘各五百头，则各获利二十万钱。

既已到此，不妨将后半段的文意也整理一下。贩卖二百匹马，盈利 20%，总计赚二十万钱，则平均每匹须以五千买入，六千卖出。至于牛，贩卖五百头，则每头须以二千买入，二千四百卖出。羊和彘，各贩卖二千头，则每头要以五百买入，六百卖出。将上述的内容用表格来显示，就是以下的第三表。

第三表

	一年获利二十万钱的方法							
	生　产			贩　卖				
	原文	增殖数量	单　价	原文	交易数量	买入单价	售出单价	每头获利
马	二百蹄	50	4,000	蹄噭千	200	5,000	6,000	1,000
牛	蹄角千	100	2,000	千足	500	2,000	2,400	400
羊	千足	500	400	千双	2,000	500	600	100
彘	千足	500	400	千双	2,000	500	600	100

对比第三表与前面的第一表以后，恐怕任何人都不会赞成基于旧注列出来的第一表，反会转而认同根据我的观点制成的第三表。这里还必须再次重申，《史记·货殖列传》中，至少限于与畜牧业相关的文字，前、后两段都在叙述一年中获取二十万收益的方法。资本的数量固然与此相关，但在这里暂时被隐藏到幕后了。如果硬要阐明的话，就是每年能增殖五十匹马的牧场马群。其间或许只需五十匹母马就足够了，或许得要一百匹。同样，商

业活动中每年贩卖二百匹马也未必需要凑齐总价一百万的资本。资本是不断循环周转的，周转的速度越快，需要的资本量就越少。如果一年能进行五次完整的资金周转，那么一次只需贩卖四十匹马即可达到年二百匹的交易量，本金二十万就够用了。我曾经指出，这段文字以下出现的一句，即：

贪贾三之，廉贾五之。

表示商业资本的周转次数[五]，即贪贾贪图每次交易的利润，所以周转速度慢，在他们三次资金周转的时间里，奉行薄利多销原则的廉贾已经完成了五次。阅读像《货殖列传》这样叙述流通世界的文字时，读者若不灵活贯通地理解，是很难捕捉到作者的真意的。

至此，《史记·货殖列传》中出现的马牛羊彘的价格大体上推测出来了。即马匹牧场的卖出价为四千钱，市场上的出售价为五千至六千钱；牛的牧场卖出价是二千钱，市场价为二千至二千四百钱；羊和猪的牧场卖出价皆为四百钱，市场价为五百至六百钱。将这些数据与其他汉代史料中的记载进行对比，果真能相互印证吗？关于这个问题，本文最初列举的前人研究已尽其大略，于此再次赘引。

（A）马价。前引《汉书·武帝纪》中称马的单价为二十万钱、《汉书·景武昭宣元成功臣表》"任当千"条称"卖马一匹，贾钱十五万"云云，都是特殊情况下的高价，不宜作为比较的依据。居延汉简中有一简说：

用马五匹直二万（《考释·释文》卷三，第 455 页）

一匹相当于四千钱，与《货殖列传》所示价格中的一种吻合。

（B）牛价。居延汉简中有两条：

服牛二六千　　（同上，第 455 页）
用牛二直五千　（同上，第 463 页）

"服牛"可能是用来挽车的牛，"用牛"当为耕牛。每头牛的单价计得二千五百至三千钱，与《货殖列传》中的牛价大致相当。

（C）羊价。同在居延汉简中，出现了九百至一千钱的价额（《考释·释文》卷三，第 272 页），合《货殖列传》所言羊价的两倍多。然而，居延汉简的时代尚无法判明，且道里远隔，所以将两类价格并存则更为妥当，无须非要使其一致。对《货殖列传》物价的考证，直接目的是探知司马迁眼中的物价体系，并以此为基础了解当时物价水平的一般状况。再进一步说，只有存在物价的地域差和时间差，商业及投机行为才能成立。倘若所有的记录都一致,那么只要一条便足够了。而且,如果认为汉简中的价格真实可据,马上以其为据将《货殖列传》中的物价全部修订,那么,考证《货殖列传》本身就变成一项毫无意义的工作了。

马牛羊彘的大体价格确定之后,《史记·货殖列传》原文中的另一节,即本文篇首所引部分的后半段文字中,所谓"屠牛羊彘千皮"一句也就迎刃而解了。千皮,在这里是一千头牲畜的意思。所以,这句话是说每年屠宰一千头牛、羊、彘的屠夫,亦可获利二十万。牛、羊、彘并称,可知三者的屠宰量应该大致相同,现以牛三百三十三头,羊与猪同价,合作六百六十七头,再分别乘以前面求出的市场价,计算这一千头牲畜的买入金额:

$$2,000 \times 333 + 500 \times 667 = 999,500$$

得九十九万九千五百钱,约等于一百万。从中抽取 20% 的屠宰费,将肉卖出,正好能获利二十万。计算结果的巧妙重合,也可证明前文中我使用的价格推算方法是没有错误的。

三 鱼、木材、田地、谷物的价格

《货殖列传》叙述马牛羊彘的这段文字中,前、后两段所示数据显示出了相当大的差异,而在接下来叙述其他物产价格的文字中，又存在着前半段和后半段数据完全一致的情况。现将前半段和后半段的叙述分列于上、下两栏进行对照，制成下表。

第四表

（前半段） 与生产相关的数量	（E） 水居千石鱼陂	（F） 山居千章之材	（G） 带郭千亩亩钟之田
（后半段） 与贩卖相关的数量	（e） 鲰千石	（f） 木千章	（g） 贩谷粜粢千钟

这组数据不能以前面释读马牛羊彘的方法来加以诠解。虽然前引《史记正义》将（E）"千石"释为养鱼一年的增殖且可以卖出的数量，但这样一来，就与后半段的贩卖量之间失去了平衡关系。这是因为，据《史记正义》，后半段的"鲰"是"杂小鱼也"，应该与前半段鱼陂中养殖的鱼相对应，而已知市场上以20%的盈利率贩卖千石得二十万，同样以最便捷的方法计算，则千石原价为一百万，一石为千钱。由此，将前半段鱼陂中一年增殖的数量即"千石"卖出，其表现在市场上的价格就不会是二十万，而是一百万了。当然，像生鱼这样的商品，生产地与消费地之间或许相去较远，但即便如此，认为产地卖出价与市场价之间相差五倍，那么获取巨大利益的就既不是生产者，也不是商贩，而是货物的搬运者了。司马迁曾在其他段落里引用过当时的一句谚语"百里不贩樵"，即向百里之外的地方贩卖薪柴是不划

算的，所以，很难想象搬运费高达产地卖价五倍[1]的养鱼业能够出现。

那么，将前半段的二十万钱当作养殖业中扣除必要劳动成本之后的结果将会如何呢？恐怕依旧难圆其说。若养殖千石鱼卖百万钱，其中八十万要作为人工费扣除，收益仅为二十万，虽然这个矛盾尚可调和，但带来的负面影响则会波及甚广，前面所说的马牛羊彘，同样也必须加上数倍的劳动薪酬才合情理。如此一来，好不容易构建起来的物价体系又要面临崩溃的危险了。

"千石鱼陂"一句，似乎不需要这样大费周折来考虑，释为常年养着千石鱼的池塘就可以了。它无非是说，池塘连带千石的鱼，随时都能以一百万的价格出售，若不一次性售尽，则可每年从中捕捞二百石出卖，获利二十万。所以，鱼塘经营者的地位可以与千户侯相埒。

依此类推，（F）山居千章之材，即指每年能伐取千章之材的山林。这样的山林，无论何时都会有木材商出百万钱的价格前来求购，如果不是一次性售尽，而是每年伐取二百章出售，则岁入二十万。乍看"千章之材"仅能维持五年就要罄竭，但这期间，未成材的树木得以生长，为日后采伐的储备。

同样，（G）千亩亩钟之田，总价也应是一百万钱。所谓

---

[1] 根据前后文意，"五"应作"四"。

"亩钟"，指一亩田的年产量为一钟。依据通常的理解，一钟为六斛四斗，然而此说能否信从，尚需验证。这项验证工作放在解释后半段的（g）时来做最为方便。这是因为，宇都宫教授已经指出，如果粟谷千钟的价格为百万钱，出卖时赚取20%的交易利润得二十万钱，则可推算出每钟的买入价为千钱，再与六斛四斗相除，则一斛的买入价为一百五十六钱，卖出价为一百八十七钱，稍显昂贵了。如前所述，《货殖列传》所示价目应该看作是司马迁个人对物价体系的认知，但涉及的商品既然为日常生活必需品，那么出现类似引发抢粮风潮的高价就显得十分刺眼了。于是，宇都宫教授修改了原文，主张"千钟"是"千钟者三之"的"三之"脱漏后的结果。其实不改动原文，另换一种解释也能消解此间的矛盾。

粮价高估主要是因为我们相信了一钟等于六斛四斗这个说法，实际上还有其他的换算比例。《淮南子·要略训》高诱注云：

　　钟，十斛也。

则到了汉代，一钟似乎变成了十斛。钟这个度量单位在汉代是实际使用过的，大正末年朝鲜平壤大同江对岸船桥里出土的汉孝文庙铜钟即可证明。其铭文曰：

孝文庙铜钟，容十升，重卅斤。永光三年六月造。[1]

永光为西汉元帝的年号，永光三年当公元前41年。不过，这件铜钟的容量为十升，即一斗，将它与《淮南子》注结合起来考虑，则汉代钟这个单位似乎已从六斛四斗这样一个不规则的四进位制过渡到十进位制，恐怕有大钟、中钟、小钟之别，大钟相当于十斛，中钟一斛，小钟即一斗。如此说来，《淮南子》注的十斛之钟是大钟，孝文庙中十升一钟的铜钟就是小钟。《货殖列传》所说的"千钟"，无疑应为千大钟，即万斛。若万斛相当于百万钱，则一斛为百钱，这在当时谷价能够允许的范围之中。

接下来回到"千亩亩钟之田"一句上来，司马迁说每年能从中获得二十万的收益，换算作谷物当为二千斛，亦即一亩地的产量为二斛。然而，这是自行耕作的所得呢，还是土地出租后佃农所缴的地租呢，文中却未明言。古来，百步一亩的收获量是一石至一石半，换作汉代二百四十步的亩积，则亩产变为二石四斗至三石六斗。地主出租土地后通常向佃农收取产量之半作为地租，若就较高的产量计算，则一亩能得地租一石八斗，千亩即千八百斛，价值十八万，接近二十万这个数字。司马迁的本意或许就是不费耕作之力，将千亩之田出租给典农坐收地租。原文中的"亩

---

[1] 据《古迹调查特别报告》第四册《乐浪郡时代的遗迹·图版》下册所载铜钟照片，"卅"下还有"十"的符号，即"七"字，见第177页。

钟",即亩产一钟,这个产量仅仅是个比喻而已。

接着,我们试将一石百钱的谷价与其他史料进行比较。居延汉简中出现了数种谷价,具有代表性的是《考释·释文》第318A页所载简牍:

梁粟石百一十。粟粟石百五。大麦石百一十。[1]

这可能是带壳的谷物以大石称量的结果。脱壳为米后,以小石称量,这样的换算比例,同样也可见于居延汉简:

粟一斗,得米六升。(《考释·释文》,第 286 页)
凡出谷,小石十五石,为大石九石。(同上,第 321 页)

粟大石一斛与米小石一斛,重新计量后的结果,仍是同样的斛数,同样的价格。这与宇都宫教授在《汉代社会经济史研究》的《续汉志百官受奉例考》[2]中指出的一致。

但是,居延汉简中还有远远高出上述金额的谷价记载:

胜之已得粟二石直三百九十,广三石直三百六十,它钱

---

1 《居延汉简释文合校》"粟粟"作"黍粟",见第334页。
2 篇名当为《续汉志百官受奉例考再论》。

三百五十。凡已得千一百。[1]（《考释·释文》，第173页）

这里粟价一石一百九十五钱，广一石一百二十钱，广大概就是穬麦（大麦的一种）。粟二石或许为三石之误，若如此，则每石一百三十钱，与广的价格也相对协调了。《货殖列传》中的谷物买价为每石一百钱，卖价为每石一百二十钱，与汉简所见谷价基本相同。谷价与其他物品价格不同，即便存在地区差异，理论上应该有某种程度的一致性。所以从这点来看，也能认为《货殖列传》所反映的物价是当时的真实情况。

我们回过头来再看当时的田价大体上被估算在一个什么样的水平上。《汉书》卷六十五《东方朔传》云：

丰镐之间号为土膏，其贾亩一金。

一金为一万钱，则一顷值一百万，这明显是夸张的说法。《汉书》卷五十四《李广传》中说：

李蔡以丞相坐诏赐冢地阳陵当得二十亩，蔡盗取三顷，颇卖得四十余万。

---

1 据《居延汉简释文合校》，"广（廣）"作"穈"，"它"作"交"。"交"即"茭"，见第38页。

三顷地实际上卖了四十余万钱，则一顷的价格在十三万以上，可能是十五万前后的水平。这样看来，《货殖列传》中将千亩即十顷田地以百万钱即平均一顷值十万钱来设定，也不算过高。因此，居延汉简中一顷万钱的记录也就无须在这里比较了。

四　其他物价

在上引《史记·货殖列传》与物价有关的长文中，用前、后两种不同方式对应起来叙述的还有一些。现将数据抽出，列两栏进行比较。

第五表

（前半段）与生产相关的数据	（后半段）与贩卖相关的数据
安邑千树枣	枣栗千石者三之
燕、秦千树栗	
陈、夏千亩漆	漆千斗
齐、鲁千亩桑麻	帛絮细布千钧
渭川千亩竹	竹竿万个
千亩卮茜	卮茜千石
蜀、汉、江陵千树橘	佗果菜千钟
千畦姜韭	

对比前、后段文字，前半段明显是生产设备，或者说是生产

《史记·货殖列传》所见物价考　139

资本，后半段是从中产出的商品。从数量关系上来说，前半段的资产中每年应该能产出后半段数量的20%。这是因为价值百万的千棵枣树上，每年能生产的枣实价值二十万钱，而后半段三千石枣的销售额中，20%（相当于六百石的价值）的利润同为二十万钱。在这个比例之外，恐怕再难找到更合理的解释了。

同样，千亩漆树的价值为百万钱，每年可产漆二百斗，即创造出二十万钱的收益。千亩桑田可产帛絮二百钧，千亩麻田可产细麻布二百钧。帛絮是丝织品与丝绵混合称量的统称，一钧等于三十斤。千亩竹林，每年能产竹竿二千根。千亩卮茜田，能收获二百石卮茜做染料。生长着千棵橘树的果园以及千畦姜韭的菜园，从中各能得二百钟果蔬。这里所说的年产，无一例外皆应看作纯利润，其价格也都是二十万钱。

《史记·货殖列传》被视为价格一览表的一段文字中，能够分成前、后两部分进行对比分析的部分略尽于此。此外，还留下一些需要个别考察的文字。首先是后半段中的"薪稾千车，船长千丈"一句。这里的"船"一向被看作是市场上买卖的商品，颇令人疑惑。船一般是在河岸修造，即地出卖，无须运至市场出售。句中的"船"与"千车"相对，称"千丈"，或许是在称量薪稾等燃料时，同时存在以车、船计量的情况。言"薪稾千车"，或许因为车的载重量有一定的规格，故仅用"千车"即能表现。所谓"船长千丈"，或因船的大小不定，故笼统地用长度来说明装载薪槀的数量罢了。在此之下还有"轺车千乘，牛车百两"[1]一句，车辆运到市场上贩卖并无不可思议之处。假使前面的"船"果真意味着商品，那么写在"车辆"之后才合理。

"僮手指千"这句话的意思如旧注所示，为奴隶百人，并无异议。不过当时的奴婢价格在其他文献史料中尚有迹可循，故有可能将《货殖列传》中的僮价与它们试做比较。僮百人的买价为百万钱，取20%的回扣再次卖出，卖价则为一百二十万钱。所以，僮一人的价格约在一万至一万二千钱左右。奴隶价格也能从当时的文献中找到依据，首先在居延汉简中，有一条经常被引用的材料：

小奴二人直三万，大婢一人二万。(《考释·释文》，第455页）

小男之奴一人为一万五千，成人之婢一人二万钱。不过，立命馆大学平中苓次教授认为这个数字是将实际价格双倍估算后的结果，实际上小奴的价格约为七千五百，大婢为一万。此外，著名的王褒《僮约》中显示，奴价为一万五千。到了东汉时期，应劭《风俗通》中说老苍头值二万。《后汉书》卷四十三《朱晖传》注

---

[1] 此处应作"轺车百乘，牛车千两"。

中说他的女婢值金三斤（钱三万）。如此看来，《货殖列传》中的僮价似嫌过低，然而，这也应视为司马迁物价观的一部分而承认其有效性。

"轺车百乘，牛车千两"。轺车是马车，构造上与牛车不同。将这句话与居延汉简作比较时，能使人产生特别的兴趣。汉简中记载：

> 轺车一乘直万[1]，牛车二两直四千。（《考释·释文》，第455页）

轺车的价格与根据《货殖列传》叙述所计算出的单价一万钱若合符节。牛车一辆，在《货殖列传》中仅为千钱，而在汉简中为两千，是《货殖列传》所言之两倍。据《史记》《汉书》等文献，当时商人利用轺车周行天下，所以它大概是一种适合长途跋涉时使用的轻车，周转方便，因而价格在全国市场上也比较均等。相反，牛车是短距离运输的重车，或因居延地区木材缺乏，其价格也就表现得格外高昂了。此外更能吸引我们的是，《货殖列传》也罢，汉简也罢，轺车都以"乘"为量词，牛车则以"两"来计算。虽说是相似的车，也各有各的计数方法，司马迁便如实地将

---

1 《居延汉简释文合校》"轺车一乘"作"轺车二乘"，见第61页。

其反映在文字当中,这一点很值得注意。

"子贷金钱千贯,节驵会",这一句最为难解,至今没有得到满意的答案。现阶段权且有如下思考。按说,引文后半段的商品数是一年间逐一买入再相继卖出的总量。为购进商品而支出的金额共计一百万钱,其间赚得二十万的利润。然而,这并非意味着必须一次性拥有一百万的资本。如前所述,一年之间能将资金周转四次则只需二十五万,若周转五次,则二十万就足够了。但是,与周转资本相应的心力和体力的付出自然不可或缺。所以,获得二十万年收益的最便捷的途径,莫过于将百万现金凑齐,贷予他人使之运作,从中坐收红利。所谓"子贷金钱千贯",指的可能就是这种经营方式。因此,"节驵会"三字应该是说将钱贷予"驵会"即中介人,使之殖利,从中抽取20%的利息以为收益。"节"是调节之"节",或许就是将钱贷与"驵会"而约定平均利息作为报偿的意思。

五 《货殖列传》物价记录的译文与一览表

至此,对上述引文中重要部分的解释大体告一段落。回到本文的篇首,依据以上的考证,将所引《货殖列传》原文翻译如下。

(前半段)封建诸侯以其封户缴纳的租税为收入,每年每户平均缴纳二百钱,则千户之侯的年收入为二十万钱。朝觐聘享等交际花费全可从中开销。但即使是农工商贾等庶民之家,如果手中有一万钱,那么,每年也能从中产生二千钱的利润;若拥有一百万钱,则年收可获二十万,更徭租赋等税金即可从中支出,余下的钱可尽其衣食好美之欲。所以,在陆地上经营畜牧,拥有每年能育成五十匹马或一百头牛或五百只羊出卖的牧场;在沼泽之地,拥有每年能繁育五百头猪出售的养殖场;在水边拥有常年养殖一千石鱼的鱼塘;在山上拥有能伐取一千章木材的林地;在安邑种植一千棵枣树;在燕、秦种植一千棵栗树;在蜀、汉、江陵拥有能种植一千棵橘树的果园;在淮水之北、常山以南,河济之间能种植一千棵梓树;在陈、夏种植一千亩漆树;在齐、鲁种植一千亩桑麻;在渭川拥有一千亩竹林;在繁华都市的近郊拥有一千亩肥沃的良田,或种植一千亩卮茜之类的染料作物,或种植一千畦的姜韭:谚语说,以上任何一种产业的经营者都相当于拥有一百万钱的资本,其收入也与千户侯相埒。这些产业实在是摇钱树、聚宝盆,不必到市场上去交易,不需奔走异乡到处转售,袖手而坐即有他人登门求购,也不须累身于官府,同样可以享受安逸的生活。

（后半段）一般说来,一般老百姓对于财产超过自己十倍的人就会感到自卑,对超出自己百倍的人就会敬畏,对超出自己千倍的人则乐于为他所驱使,若他人的财产超过自己万倍,则可能就要沦为他人的奴隶。这是浅显的道理。不过,若以少量的资本追逐财富的话,那么农业不如手工业,手工业又不如商业。即使是刺绣之类的加工业,自己做不如进了货拿到市场上去卖钱来得更快。工商业虽然被人蔑视成"末业",但实际上是贫民的营生手段。出入于交通便利的大都市,一年能够赚二十万的买卖中,酿造业者一年制酒千酿,或醯酱千瓨,或浆千甔出售,屠宰作坊一年屠宰牛、羊、彘一千头出售,从事转贩的商人可以买进谷物千钟,或是一千车、一千丈船所能载运的薪槀等燃料,或者买进材木千章,或竹竿万个,或轺车百乘,或牛车千辆,或漆器千枚,或铜器千钧,或素木、铁器千石,或卮茜千石,或马二百匹,或牛五百头,或羊或猪两千头,或奴婢百人,或筋、角、丹沙任一种千斤,或丝织品、丝绵、细麻布任一种千钧,或文采千匹,或榻布、皮革任一种千石,或漆千斗,或糵麹、盐豉任一种千荅,或鲐鮆千斤,或鲰千石,或鲍千钧,或枣、栗任一种三千石,或狐貂之裘千件,或羔羊之裘千石,或旃席千具,或各种蔬果千钟,将这些货物卖出,从中赚取20%的利润,这样也能赚到二十万。最省心省力的办法,是将现金千贯(百万钱)贷与驵会(侩),坐收20%的红利。不过需要申明,上面所说的转贩,并不意味着一定要拥有高达百万的资本,因为钱是可以周转的。过于贪图一次性盈利的数额会使周转变慢,所需资本也会相应增多;若以薄利多销的策略来经营,每次的周转速度会加快,少量资金就能济事。所以说贪心的商人在资金周转三次的时候，不贪心的商人已经周转了五次。因此，无论从事哪一种经营，总计百万钱的资本都能产生二十万的利润，可以同封建诸侯相比肩。总而言之，情况就是这样。至于其他各种杂业，付出的本金回笼后如果得不到20%的增益，则不但没有盈利，甚至可以说是亏本了。

为使数据更加直观，把以上的内容整理成表后，就是本文最后的附表。在列表之前，先将本文的结论简单地做一归纳。《史记·货殖列传》具有物价表性质的这段文字中，与畜牧业相关的部分与其他部分在文章结构上有些差异。而且，在表现形式上，与畜牧业相关的部分前、后两段之间的关联也特别密切。这部分材料或许是以独立的体系被司马迁发现的，他便在此基础上又写出了其他部分，或是把既有的材料编入了这个独立的体系之中。总之，可以确信，表示物价的这段文字，是由两种不同来源的资料拼接而成的。

其次是关于《史记》和《汉书》这两种著作旧注的问题。如果我的上述考证不误的话，那么，旧注中就有很多荒谬之处了。孟康是三国时期的人物，且不说距离司马迁的时代，他与班固生活的年代也相隔百余年。如果他的注解也只是将误说不假分辨地传给后世的话，那么，对于古文献的注释，也就不能因其古老而一概视为正解。不过，关于孟康，《三国志·魏书》卷十六《杜恕传》注引《魏略·孟康传》在叙述他凭借后宫的关系被任为散骑侍郎后又说：

> 康既无才敏，因在冗官，博读书传。[1]

看来他似乎并不是一个聪颖的人。在注释家中，这类人物往往比较常见，虽无创作的"才敏"，但作为对头脑驽钝的弥补，他们的记忆力却非同小可，能够准确地将"师说"传达出来。就这一点而言，前人旧注固然是阅读古典不可或缺的助手，其可信性毕竟还是有一定限度的。

尽管古注不可黜废，但先入观念却也十分可怕。如果孟康不是贸然将牛的蹄角合计为六，恐怕后世的读者大抵都会晓得牛蹄是一分为二的，从而也就不会产生错误的理解了。可一旦被注释家灌输谬说，就很难再从泥淖中抽身。比如我，从开始接触《货殖列传》，到将自己从旧注中完全解放出来，前后花费了三十年的时光。或许在吐此高言之际，依然被迷惑于魔幻之中呢。

---

[1] 中华书局点校本《三国志》以"无"为衍字，见校勘记。

业种	生产地					市场				备考（《居延》为劳榦《居延汉简考释》，数字为所在页码）
	原文	资本（百万）	年产（二十万）	单价	业种	原文	数量（百万）	买入单价	卖出单价	
畜牧	牧马二百蹄		50 匹	4,000		马蹄噭千	200 匹	5,000	6,000	四千（《居延》，455）
	牛蹄角千		100 头	2,000		牛千足	500 头	2,000	2,400	二千五百～三千（《居延》，455, 463）
	千足羊、彘		500 头	400		羊彘千双	2,000 头	500	600	羊九百～千（《居延》，272）
养鱼	千石鱼陂	1,000 石	200 石	1,000		鲰千石	1,000 石	1,000	1,200	
木材	千树荻、千章之材	1,000 章	200 章	1,000	商贩	木千章	1,000 章	1,000	1,200	
枣栗	千树枣、栗	1,000 树		1,000		枣栗千石者三之	3,000 石	333	400	
果	千树橘	1,000 树		1,000		果千石千钟	1,000 钟	1,000	1,200	姜一石二千（《居延》，428B）
菜	千畦姜韭	1,000 畦		1,000		漆千斗	1,000 斗	1,000	1,200	廿两帛匹三百七十（《居延》，359）
漆	千树漆	1,000 树		1,000		帛絮细布千钧	1,000 钧	1,000	1,200	帛匹四百三百二百五十（《居延》，293）
桑麻	千亩桑麻	1,000 亩		1,000		竹竿万个	10,000 个	100	120	九稷曲布四匹三百三十三（《居延》，169）
竹	千亩竹	1,000 亩		1,000		枲案千钟	10,000 石	100	120	粟栗石百十、大麦石百十、粟栗石五（《居延》，318A）
田地	千亩钟之田	1,000 亩		1,000		佗啬千石	1,000 石	10,000	12,000	小奴万五千、大婢二万（《居延》，455）
厄茜	千亩厄茜	1,000 亩		1,000		薪藁千车船长千丈	100 人	1,000	1,200	万（《居延》，455）
						牛车千两	100 乘	10,000	12,000	二千（《居延》，455）
							1,000 辆	1,000	1,200	

148　东洋的古代

		木器髹者千枚	1,000 枚	1,000	1,200	鞞鞨匹千（《居延》, 510)
		铜器千钧	1,000 钧	1,000	1,200	
		素木铁器千石	1,000 石	1,000	1,200	
		筋角丹砂千斤	1,000 斤	1,000	1,200	
		文采千匹	1,000 匹	1,000	1,200	
		榻布皮革千石	1,000 石	1,000	1,200	
		漆千斗	1,000 斗	1,000	1,200	
		蘖麴盐豉千荅	1,000 斤	1,000	1,200	
		鲐鲞千斤	1,000 钧	1,000	1,200	
		鲍千钧	1,000 皮	1,000	1,200	
		狐貂裘千皮	1,000 石	1,000	1,200	
		羔羊裘千石	1,000 具	1,000	1,200	
		旃席千具				
	酿造	醯千瓨	1,000 瓨	1,000	1,200	
		醯酱千瓨	1,000 瓨	1,000	1,200	
		浆千甔	1,000 甔	1,000	1,200	
	屠宰	牛羊彘千皮 牛羊彘共 1,000 头	牛 2,000 羊 500 彘 500	2,400 600 600	
	干货	金钱千贯				

《史记·货殖列传》所见物价考   149

注释

[一] "巢籴千钟",《史记》作"巢千钟",《汉书》作"籴千钟",似应相互补足,作"巢籴千钟"为宜。`

[二] 马蹄噭千。"噭"字,《史记》中为"足"字旁,但"噭"如果表示"口"的意思,则应从《汉书》作口字旁为是。本文据《汉书》统一将该字写作"口"字旁的"噭"。

[三] 蹄角千。若使第二表的数字更加匀称,最好B项的数值能变成一百二十五,这样一来,就会形成整齐的比例式 $\dfrac{A}{a}=\dfrac{B}{b}=\dfrac{C}{c}=\dfrac{D}{d}$。为达到此目的,只需将"蹄角千"的"角"删除就可以了。然而,一百二十五却不是一个成数。因而即使比例不十分平衡,也不应擅改原文,还是将表中的成数原样保留比较妥当。

[四] 鱼卖。《汉书注》此处文字与《史记正义》略同,唯无"卖"字。似以《正义》为是。

[五]《东方学》第二辑所刊拙文的余白部分,我已以"贪贾与廉贾"一题做出了说明(《亚洲史研究》第四卷,后收入《宫崎市定全集》第二十四卷)。这篇小文是我从《史记》旧注中解脱出来的第一步。

(《京都大学文学部五十周年纪念论集》,1954年11月)

肢体动作与文学
——试论《史记》的成书

在这篇小文中，我希望实现的最终目标，是通过对《史记》行文的探讨，为《史记》成书提供一个新的观点。但这样的想法在旁人看来也许过于古怪，所以我想稍微绕点远路，先谈谈自己平时的一些想法，若能得到读者的赞同，就进一步思考这个问题，但如果读者看到一半就合上书本，弃之一旁，那么我的企图就彻底失败了。

一

毋庸置疑，肢体动作和语言都是人们传达意志的手段，但语言最终会以文字的形式形成文章，甚至进化为艺术的一种——文学。中国文学的显著特征之一，就是在汉字固有性质的基础上，容易形成用眼睛来读的文章，其表现方法有着很强的固化倾向。所谓的"古文"和"拟古文"，虽然已经不再实用，但却一直保持着作为文章正道的权威。这些文章中所描写的肢体动作,不知何时就被固化,甚至概念化。例如形容愤怒地从座位上站起来的时候,就经常会套用"拂袖而起"这个成语,甚至有不少人在翻译西洋文学的时候都在套用。仔细想想,西服的袖子很窄,根本就无法拂袖,于是落下了笑柄。

但是,在肢体动作的表现方法被固化之前,应该有过一个生动写实的时代。即使在被固化的同时,肢体动作也在维持着自己的领域,将自身的价值提升为一种值得欣赏的演技,那就是舞蹈。还有一种是与语言结合所形成的动态艺术,那就是戏曲。尚未达到戏曲水平的说唱、说书、相声等等,也和我国[1]的"讲谈""落语"一样,无疑加入了很多肢体动作的成分。如果把戏曲和说唱等也归入文学的话,肢体动作依然存在于文学之中,只是在不断疏离主流的同时,还时常主张自己独特的存在价值。

成书于明代的《水浒传》是中国文学中首屈一指的杰作,已经有很多人指出它是在宋元以来发展起来的戏曲基础上逐渐形成的。换句话说,我们现在看到的《水浒传》其中有些部分是取自在舞台上表演的戏曲。比如一百回本第七十三回的《黑旋风乔捉鬼,梁山泊双献头》,无疑取材于《元曲选》壬集康进之的《李逵负荆》,或者是高文秀的《黑旋风双献功》。

---

1 这里的"我国"是指日本,下同。

154　东洋的古代

在这种情况下，原文的面貌能够多大程度上得以保留，这取决于素材的价值与可用性，以及《水浒传》作者当时的心境和文笔了，因此很难一概而论。我在通读《水浒传》后发现，将戏曲成分最完整地加以保留并使之成为《水浒传》一部分的，要数一百回本的第五十三回《戴宗智取公孙胜，李逵斧劈罗真人》。

正如人们所说的那样，在《水浒传》里，李逵这个人物的基调是一个悲剧性的英雄，但杂剧中的李逵，则屡屡作为纯真的搞笑者或喜剧中的丑角。而把喜剧性的纯真发挥得淋漓尽致的，正是《李逵斧劈罗真人》中的李逵。李逵在神行太保戴宗的陪同下一同使用神行术前往二仙山迎请公孙胜的一段，读后着实让人捧腹大笑。这一段使观众开怀大笑的舞台表演中，加入了丰富的肢体动作，全然不见此前与浪里白条张顺进行水陆大战时那般的豪杰风采。让我们一起来读一读《水浒传》中的这段原文吧。

戴宗取四个甲马，去李逵两只腿上也缚了，分付道："你前面酒食店里等我。"戴宗念念有词，吹口气在李逵腿上，李逵拽开脚步，浑如驾云的一般，飞也似去了。戴宗笑道："且着他忍一日饿。"戴宗也自拴上甲马，随后赶来。李逵不省得这法，只道和他走路一般。只听耳朵边风雨之声，两边房屋树木，一似连排价倒了的，脚底下如云催雾趱。李逵怕将起来，几遍待要住脚，两条腿那里收拾得住，却似有

肢体动作与文学

人在下面推的相似,脚不点地,只管得走去了。看见酒肉饭店,又不能勾入去买吃,李逵只得叫:"爷爷,且住一住!"李逵看看走到红日平西,肚里又饥又渴,越不能勾住脚,惊得一身臭汗,气喘做一团。

戴宗从背后赶来,叫道:"李大,怎的不买些点心吃了去?"

李逵应道:"哥哥,救我一救,饿杀铁牛也!"

戴宗怀里摸出几个炊饼来自吃。

李逵叫道:"我不能勾住脚买吃,你与两个充饥。"

戴宗道:"兄弟,你走上来与你吃。"李逵伸着手,只隔一丈来远近,只赶不上。

李逵叫道:"好哥哥,等我一等。"

戴宗一本正经道:"便是今日有些蹊蹊,我的两条腿也不能勾住。"

李逵道:"阿也!我的这鸟脚不由我半分,自这般走了去,只好把大斧砍了那下半截下来。"

戴宗道:"只除是恁的般方好。不然,直走到明年正月初一日,也不能住。"

李逵道:"好哥哥,休使道儿耍我,砍了腿下来,你却笑我。"

戴宗道:"你敢是昨夜不依我?今日连我也走不得住,

你自走去。"

李逵叫道:"好爷爷,你饶我住一住!"

戴宗道:"我的这法,第一不许吃荤并吃牛肉。若还吃了一块牛肉,只要走十万里,方才得住。"

李逵道:"却是苦也!我昨夜不合瞒着哥哥,真个偷买几斤牛肉吃了,正是怎么好!"

戴宗忍笑道:"怪得今日连我的这腿也收不住,只用去天尽头走一遭了,慢慢地却得三五年,方才回得来。"

李逵听罢,叫起撞天屈来。

戴宗笑道:"你从今以后,只依得我一件事,我便罢得这法。"

李逵道:"老爹,我今都依你便了。"

戴宗道:"你如今敢再瞒着我吃荤么?"

李逵道:"今后但吃时,舌头上生碗来大疔疮!我见哥哥要吃素,铁牛却吃不得,因此上瞒着哥哥,今后并不敢了。"

戴宗道:"既是恁地,饶你这一遍!"退后一步,把衣袖去李逵腿上只一拂,喝声:"住!"李逵却似钉住了的一般,两只脚立定地下,那移不动。

戴宗道:"我先去,你且慢慢的来。"

李逵正待抬脚,那里移得动,拽也拽不起,一似生铁铸就了的。李逵大叫道:"又是苦也!晚夕怎地得去?"便叫

肢体动作与文学　　157

道："哥哥救我一救。"

　　戴宗转回头来笑道："你今番依我说么？"

　　李逵道："你是我亲爷，却是不敢违了你的言语。"

　　戴宗道："你今番却要依我。"便把手绾了李逵，喝声："起！"两个轻轻地走了去。

以上文字是我依据平冈龙城的《标注训译水浒传》试着翻译的。[1] 这一段文字中的肢体动作表现得非常详细，读者甚至可以想象到比这更滑稽的场景，带点的部分是翻译成日语时为便于理解而添加的词句。此外，李逵着急时的神情和为难的动作，一字不提反而更好。

　　在这一段引文之后还有李逵被罗真人用法术悬在空中，以及在蓟州入狱时头上被浇了粪水的场景，读过文字以后，读者的眼前完全可以浮现出李逵那滑稽至极的肢体动作。

　　《水浒传》的这部分内容到底是根据哪一部戏曲或者哪出评话来的，可惜已经无法知晓。但通过品味这段文字即可知道，原作无疑是一出着眼于用滑稽动作来感染观众的表演。

　　在正统的古文之外，宋代时出现了把肢体动作和语言紧密相连的表演，最终发展成为一种艺术，这主要是因为当时社会中以

---

[1] 汉译时恢复成了《水浒传》原文，略去诗文。参见人民文学出版社1997年版，第702—704页。

都市为中心出现了一批有闲阶级。他们不一定都是富裕阶层，可以是不当差的军人，也可以是商人，甚至是普通的劳动者，只要有空闲，他们就会聚集在被称为"瓦肆"的娱乐场所打发时间。但这样的社会状况在中国并不是到了宋代才出现的，在遥远的战国到西汉初期，以当时的大都市为中心，也存在着这样一批有闲阶级，他们同样也需要通过各种娱乐来打发时间。

二

相似的社会状态会产生相似的文学，像《李逵斧劈罗真人》这样读了文字就能让读者想起表演者肢体动作的文章，竟然也出现在《史记》之中，而且出奇地相似，这着实令人吃惊。当然，这样的例子多见于《史记》的列传之中，但也不只限于列传。

在后世的正史中，帝王的本纪原则上是依据朝廷保存下来的实录编纂的，列传则有时会取材于民间的野史。但在司马迁的时代，这样的传统还没有形成，帝王本纪的编写，无疑是依据经典以及秦汉时期朝廷所做的记录，但也有一部分来自于民间的传闻。如《秦始皇本纪》一开头说："庄襄王为秦质子于赵。见吕不韦姬，悦而取之，生始皇。以秦昭王四十八年正月生于邯郸。及生，名为政，姓赵氏。"作者显然是把秦始皇当成了吕不韦的儿子。这样的记录自然不可能见于秦国的记载，即使是在汉朝建立后前朝之事已变得无关紧要的时代，这样的记载也很难留存于朝廷的官方记录中。《史记》的这一段话，无疑是使用了《吕不韦列传》中的部分材料。

即便如此，《史记》的这一段文章仍然很特别。在极短的文章中，"生"这个字竟重复使用了三回。后世人若写出这样的文章，科举自然是通不过的，就算是让私塾老师修改，也会被改得满纸皆红。

那么，司马迁为什么写出这样的文章呢？或许这就是直接记录口语的结果。同一文字的反复，除了《诗经》中有意为之等特殊场合外，出现在司马迁的时代，应该是相当扎眼的。但在听人说话的时候，文字的反复就显得不那么刺耳了。

从此也可以推断出，《吕不韦列传》的材料也是司马迁从民间口传中听来的。那么，这样的口传在民间究竟是怎样口耳相传的呢？

《史记》被誉为极善于写实，但其中称得上名篇的部分却多半来自民间的口传，依据记录写下来的部分反而显得枯燥无味，如《樊哙列传》等。而且依据口传写下来的部分，不仅直接记录了当时的口语，或许在说话的时候还明显意识到了听众的存在。以《信陵君列传》为例："公子引车入市，侯生下见其客朱亥，睥睨，故久立，与其客语，微察公子。"其中的"睥睨"二字，在张守节《史记正义》中与上文相连成句，而在《资治通鉴》胡注中则与下文相连成句。其实它既不接上，也不接下，应当是独立的一句话。汉语中通常是四字成句，因此一句话通常是四拍，而两个字成句的时候则需放慢语速，把一个字拖成两个字来读，也就是一字一顿地读成"pī ì nī ì"，由此产生的时间差，就可以让人感受到睥睨周围的动作了。此后还有"微察公子"一句，也就是偷偷地观察公子的动作。

同样的道理也适用于对《淮阴侯列传》中韩信受胯下之辱这一段的分析。屠中少年聚集在一起羞辱韩信，所谓"屠中少年"，就是混迹于肉店的不良少年，并不是店里的伙计，若是伙计，行为如此乖张，就很难招来顾客了。《史记》是这样写的："众辱之曰：'信能死，刺我；不能死，出我袴下！'于是信孰视之，俛出袴下，蒲伏。"其中的"于是"二字，也是为了唤起读者的注意。或许说唱人像说唱那样，在讲完少年的话后，就面朝观众说："大家猜怎么着？韩信一声不吭地盯着对方，突然蹲下身来，从那人的裤裆底下爬了过去。"带着这样的心境，说唱人通过"于是"这个词，给观众提供了和韩信一同思考的时间。"蒲伏"即"匍匐"，也是两字独立成句，说唱人也许还真的表演了匍匐的动作。

"于是"和"蒲伏"都是两字成句，和前面的"睥睨"一样，一定都是拖了长音调来说的。

到了后世，作者为了尽量减少读者的负担，写文章的时候，通常都会斟酌文句的长短，恰到好处地断句，自然就形成一种节奏。但《史记》的情况略有不同，读者在想象当时状况的同时，还要顾及肢体的动作，因此必须自己承担起调节文句长短节奏的义务。

《史记·刺客列传》在写荆轲时，就多次出现文辞的重复，而且重复的文章还很长。首先是燕太子丹与田光先生的对话：

> 太子逢迎（田光），却行为导，跪而蔽席。田光坐定，左右无人，太子避席而请曰："燕秦不两立，原先生留意也。"田光曰："臣闻骐骥盛壮之时，一日而驰千里；至其衰老，驽马先之。今太子闻光盛壮之时，不知臣精已消亡矣。虽然，光不敢以图国事，所善荆卿可使也。"太子曰："原因先生得结交于荆卿，可乎？"田光曰："敬诺。"即起，趋出。太子送至门，戒曰："丹所报，先生所言者，国之大事也，原先生勿泄也！"田光俛而笑曰："诺。"

田光辞别太子丹后就去见荆轲了。田光与太子丹的主要对话，也就是上文中加点的地方，在与荆轲讲话时大部分都做了重复：

> （田光）偻行见荆卿，曰："光与子相善，燕国莫不知。今太子闻光壮盛之时，不知吾形已不逮也。幸而教之曰'燕

秦不两立，原先生留意也'。光窃不自外，言足下于太子也，原足下过太子于宫。"荆轲曰："谨奉教。"田光曰："吾闻之，长者为行，不使人疑之。今太子告光曰：'所言者，国之大事也，原先生勿泄'，是太子疑光也。"

用后世的语法来看，这样的写法非常啰唆。但《史记》的文章不单是作文，重复也不是没有道理。因为这一段都是在讲故事，说唱人要加入肢体动作，时而扮演太子丹，时而扮演田光先生，时而又要扮演荆轲，司马迁把说唱人在观众面前所说的话就此记录了下来。田光先生与荆轲的对话中，前半部分如果是后世人写文章，一定会被省略，因为省略后也不会影响理解。但是，此处正是讲故事的关键所在。壮士之间以命相托，是一场电光火石般的交涉场面。说唱人时而扮演田光先生，时而扮演荆轲，一瞬间似乎连观众的存在都忘记了。田光先生的一番话，必须要说动在场的荆轲，此时如果省略了他事前与太子丹的对话，故事的光彩就减少了一大半。在日本最写实的单口相声中，很多情况下都会不厌其烦地重复很多遍，如果是比较抒情的评话，则可以适当省略。《史记》中此后荆轲见燕太子丹时，"荆轲遂见太子，言田光已死，致光之言"，再次重复了田光的话。因为是带有肢体动作的说唱，因此，在描写情况紧迫的时候也必然会带有喊叫声。《刺客列传》中荆轲刺秦王的场面就是如此：

肢体动作与文学　163

> 图穷而匕首见。因左手把秦王之袖,而右手持匕首揕之。未至身,秦王惊,自引而起,袖绝。拔剑,剑长,操其室。时惶急,剑坚,故不可立拔。荆轲逐秦王,秦王环柱而走。群臣皆愕,卒起不意,尽失其度。而秦法,群臣侍殿上者不得持尺寸之兵;诸郎中执兵皆陈殿下,非有诏召不得上。方急时,不及召下兵,以故荆轲乃逐秦王。而卒惶急,无以击轲,而以手共搏之。是时侍医夏无且以其所奉药囊提荆轲也。秦王方环柱走,卒惶急,不知所为,左右乃曰:"王负剑,负剑!"遂拔以击荆轲,断其左股,荆轲废。

在这一段描写中,"时(卒)惶急"三字出现了三次,就像相扑时裁判大喊"稳住,稳住"一样,如果换作奥运比赛那就是"加油"了。如果要把这一段的语气翻译出来的话,这就是:

> 地图展开后就露出了一把匕首。荆轲左手抓住秦王的衣袖,右手拿起匕首向秦王刺去,但却怎么也够不着。秦王大惊,挣脱着站起身来,袖子被扯了下来。秦王想拔剑,可剑太长,只握住了剑鞘。啊,危险,危险,危险啊!剑鞘太紧,一时又拔不出剑来。荆轲追赶秦王,秦王只好绕着柱子跑。群臣一个个都惊吓得合不上嘴,因事出突然,大家都不知所措。更糟糕的是,秦国的法律规定群臣上殿不得携带任何利器,手持武器的警卫都列队站在殿外阶下,没有诏命不得上殿。事出紧急,没时间召集殿外的

士兵。于是荆轲在殿内不停地追赶着秦王。快追到了,荆轲,加油!众人想反击,却苦于手中没有武器,还有人想空手制服荆轲。就在此时,侍医夏无且将手中的药袋投向了荆轲。秦王还在绕着柱子奔跑。快追到了,还差一点!但荆轲始终未能得手。左右的人终于意识到了,大喊:"大王,用剑!用剑!"秦王终于把剑拔了出来,刺向了荆轲,一剑砍断了荆轲的左腿,荆轲一下子跌倒在地。

如果听众知道故事的梗概,当说唱人讲到"卒惶急"的地方,就会一同拍手打起节拍来,那样的场面一定非常有意思。

三

《史记》中最富戏剧性的场面,就要数《项羽本纪》中著名的"鸿门宴"一节了,这一段从头到尾都明显地保留着说唱的痕迹。首先,说唱人通过项王、项伯、范增、沛公和张良这五个重要人物就座的位次来展现舞台。[一]

> 项王、项伯东向坐,亚父南向坐,亚父者范增也,沛公北向坐,张良西向侍。

如果只是为了阅读,这样的文章就显得太啰唆了。即使是把《信陵君列传》中的"睥睨"二字和《淮阴侯列传》中的"于是"二字原封不动地写进《资治通鉴》中去的司马光，在叙述鸿门宴时，也同《汉书》一样将之省略，因为省略这些描写并不影响对故事的理解。从文章来说这不是一段好文章，但如果站在说唱人的立场上呢，意境就完全不一样了。"项王的右手边是项伯，两人都朝东坐了下来。亚父面朝南坐，噢，这亚父就是范增。沛公面朝北坐了下来后，张良马上过来，面西坐了下来，时刻准备侍奉。"这是说唱人一边讲解一边表演场景，这样一来，文中的重复就一点也不枯燥了。

这里需要注意一下的是他们的坐法。众所周知，直到汉代中国人都和现在的日本人一样直接正坐在垫席上，当时军中也可能会坐在什么东西上，但从接下来的文字中可以看出，鸿门宴上各人的坐法还是和日本一样的正坐。因为当樊哙闯入军帐时，大吃一惊的项羽"按剑而跽曰：'客何为者？'""跽"和普通的"跪"一样，在日语中都训读为"ひざまずく"，因为同是膝盖着地，所以不知从什么时候开始就有了相同的

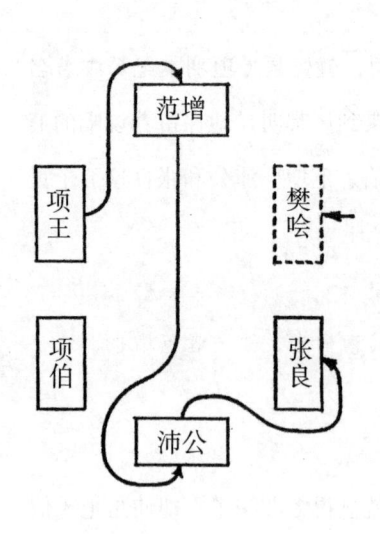

读音，很容易产生误解。"跽"是膝盖着地、腰板挺直的样子，从高的姿势变为跽，就等同于跪，而从低的姿势变成跽，就好像要站起来一样。"项王大吃一惊，一手握住剑柄，直起身来，大喝道：'来者何人？'"这样一翻译就更好理解了。

无论如何，说唱人每次说到坐的时候肯定都要表演出威仪堂堂坐下来的样子，如此重复就能显示出动作的庄严感。同时，这样的舞台设计也为接下来的项庄入谒和樊哙闯入埋下了伏笔。

这一段描述中四句相似的句子突然被一句"亚父者范增也"打破了，但这并不仅仅是修辞，而是在实际表演中为接下来的起身留下必要的时间空白。如图所示，从表演项王落座到表演亚父落座，需要的时间很短，可是，从亚父的座位到沛公的座位就得多走几步，在这一段空白的时间内，说唱人正好可以用一句"亚父指的就是范增"来填补。如果这一句单是为了说明范增作为亚父的身份，那么完全可以放在其他更合适的地方。其实，在《汉书·高帝纪》中，鸿门宴的座次是被省略的，所以对亚父身份的说明，早在之前范增劝项羽杀沛公的地方就已经交代了；而《资治通鉴》则在后面献给范增玉斗一只的地方做的交代。《汉书》交代范增身份的地方应该是最恰当的。

接着，亚父授意项庄进来祝寿，意在假装舞剑刺杀沛公，项伯见状也起身舞剑，意在保护沛公。《史记》所言"项庄拔剑起舞，项伯亦拔剑起舞"，两句紧挨，能让人感受到事态的紧迫，

肢体动作与文学　　167

因此自古以来就被称赞为绝妙之辞。其实,说唱人必须一人分饰两个角色,在如此紧迫的场合下根本就没有时间插进"见事紧急""察其意"这样的说明文字。

为了进一步增强表演的效果,说唱人必须埋好伏笔。光靠卖力的表演来吸引观众是不够的,还必须在最后让观众有种恍然大悟的感觉。评书的言辞通常是劝善惩恶,或宣扬因果报应,就像单口相声最后要有个结尾一样。如此想来,《史记》中源自说唱的故事中,很多都隐藏着伏笔。《信陵君列传》中信陵君不得已杀了魏将晋鄙,率领魏军前来救赵,最后敌国秦国却通过晋鄙的门客进行反间,把信陵君拉下了台。《留侯世家》中,张良在下邳的桥上邂逅老人,得到兵书,后来果然如老人所言在谷城山下找到黄石,并给予了隆重的祭拜,由此作为故事的结局。尤其风趣的是《陈涉世家》,陈涉年轻时曾与他人一起帮人耕地:"辍耕之垄上,怅恨久之,曰:'苟富贵,无相忘。'庸者笑而应曰:'若为庸耕,何富贵也?'陈涉太息曰:'嗟乎!燕雀安知鸿鹄之志哉!'"单是这么一段就非常有趣了。此后陈涉起兵反秦,虽然在陈王之位上坐得不久,但也已经能给全文画上圆满的句号。可故事中却安排了另一个结局,那就是他当上陈王后正踌躇满志的时候,此前一起帮人耕地的朋友出现在了他的面前。

    其故人尝与庸耕者闻之,之陈。扣宫门曰:'吾欲见涉。'官门令欲缚之。自辩数,乃置,不肯为通。陈王出,遮道而呼涉。陈王闻之,乃召见,载与俱归。入官,见殿屋帷帐,客曰:'夥颐!涉之为王沈沈者。'[二]楚人谓多为夥,故天下传之,夥涉为王,由陈涉始。客出入愈益发舒,言陈王故情。或说陈王曰:'客愚无知,颛妄言,轻威。'陈王斩之。诸陈王故人皆自引去,由是无亲陈王者。

作为洞穿人情的故事,比起先前的大话,这样的故事才更有趣。燕雀终究还是燕雀,腾达之人最讨厌别人把自己贫寒时的事拿出来谈论,最后这个人果然触怒陈涉而丢了性命。在叙述一个平庸傻瓜的命运的同时,也昭示了陈涉的结局亦非鸿鹄,缺少容纳愚蠢故人的度量,也是陈涉失败的原因之一。

不过,《史记》中有的故事也有两个以上的伏笔,《刺客列传》中荆轲的故事便是如此。

在荆轲刺秦王的故事中,燕太子丹和秦王政少年时同在赵国做质子,当时两人非常友善。但当秦王政当上国王后,太子丹作为质子去秦国却遭到冷遇,于是,他一气之下逃回燕国并展开复仇计划。故事从这里开始,到暗杀失败、燕国灭亡为止,已经形成一个完整的起始和结尾。然而,故事的开始总是让人觉得很不自然。秦始皇是秦昭襄王四十八年(前259)生于赵国都城邯郸的,秦昭襄王五十六年(前251)昭襄王去世,孝文王继位后马

肢体动作与文学 169

上就被送回了秦国。也就是说，生于赵国的秦始皇在赵国只待了九年，顶多就是十岁。即使其间与燕太子丹友善，那也只不过是玩伴而已，太子丹以此为由，在入秦为质时认为秦王政冷遇了自己，这样的想法本身就没有道理，也没有理由被载入史册。这么做，不如说只是为故事提供一个有趣的开端而已，而且对说唱人来说，比起天下大势，以个人间的情感纠葛为切入口，才会更加引人入胜。

荆轲只带了一个随从就潜入如日中天的秦国，还在众目睽睽下刺杀秦王，这故事令人感到非常不可思议。为了使听众能够接受这个故事，就必须先介绍燕国的游侠风气，使听众体会到一旦情投意合便可两肋插刀的氛围。由此出场的就是田光先生和高渐离。荆轲和高渐离的关系就是第二重伏笔，从两人游于燕市、高渐离击筑荆轲唱歌开始，以最后高渐离刺杀秦王的失败作结。其实故事中还存在着第三层伏笔，那就是荆轲和鲁句践的关系。荆轲曾因赌博和鲁句践争吵，被鲁句践教训后逃之夭夭，这个故事为荆轲对自己的武艺缺乏信心、想等武艺高超的同伴来后一起前往秦国埋下了伏笔。但在太子丹的催促下，荆轲不得已与燕国勇士秦舞阳一起出发了，但这个秦舞阳在此后的刺秦中并没有起到任何作用。这段故事最后以鲁句践的话作结：

鲁句践已闻荆轲之刺秦王，私曰："嗟乎，惜哉其不讲于刺剑之术也！甚矣，吾不知人也！曩者吾叱之，彼乃以我为非人也！"

荆轲的故事不仅叙事宏大，而且结构严整，尤其是第三个布局，兼备起承转合之妙，可谓无懈可击。但若将之当成史实，那么这样的故事就显得有趣过头了。作为史实，或许最初就只有燕太子丹与荆轲的对话，但后来加进了荆轲的友人高渐离刺杀秦王的故事，最后又加进了鲁句践的评论。

《史记·刺客列传》中荆轲的故事，大部分行文都与《战国策·燕三》一致，司马迁自己也曾说过《史记》的很多取材源自《战国策》，所以自古以来荆轲的故事也被认为是其中一例。而方苞却对此提出了反对意见，他在《望溪先生文集》卷二《读子史·书刺客传后》中说："余少读《燕策》荆轲刺秦王篇，怪其序事类太史公，秦以前无此。及见《刺客传赞》，乃知果太史公之旧文决矣。彼自称得之公孙季功、董生口道，则决非《国策》旧文。"对于方苞的说法，我还不能就此赞同，毕竟司马迁在《刺客列传》的赞语中写道：

太史公曰：世言荆轲，其称太子丹之命，'天雨粟，马生角'也，太过。又言荆轲伤秦王，皆非也。始公孙季功、董生与夏无且游，具知其事，为余道之如是。

夏无且就是在荆轲刺秦王时向荆轲投掷药囊的御医，方苞因此认为荆轲的故事都出自夏无且，然后经公孙季功和董生之口传到了司马迁的耳中。事实恐非如此。夏无且能传达的，不过是荆轲没能伤及秦王以及自己因功受赏之事。司马迁关于荆轲的故事，更多的是来自"世言"，亦即世间的传闻，但他并不是不加区别地采用，而是对各种传说进行判断，排除了过于神怪以及非常明显的反证，而夏无且的话也不过是反证之一罢了。

尽管如此，我却不反对方苞的结论，亦即《战国策》取文于《史记》，这是因为还有些其他原因。《燕策》的叙事中没有充分的伏笔，给人一种故事情节不完整的感觉。也就是说，《燕策》中首尾没有鲁句践的故事，中间却又有与之相关的秦舞阳的故事；没有荆轲与高渐离游于燕市的故事，中间却又有高渐离在易水击筑，以及最后刺杀秦王未遂等故事。这些都给人一种支离破碎的感觉。

那么，为什么《战国策》要重新从《史记》中引入文字呢？这或许是因为《战国策》中本来就有荆轲的故事，而且是从燕太子丹怨秦开始的，加上文章拙劣，与《史记》相比不免逊色。于是就有好事者从《史记·刺客列传》的荆轲故事中截取文字加以取代，但对荆轲与鲁句践发生口角，以及荆轲与高渐离游于燕市的情节却弃之不用，因此导致《战国策》的行文前后缺乏呼应。

《史记》中对生动场面进行描写时，比如在鸿门宴这一段中，司马迁采用了"语"这样一种表述方法。《史记·留侯世家》全部省略了这一段,仅用"语在《项羽》事中"一句了结。同样是《留侯世家》,汉王刘邦接受张良的建议,授予韩信齐王印绶,以及依张良之计赐各诸侯土地并向其征兵,这些内容也都省略了,分别以"语在《淮阴》事中"和"语在《项籍》事中"进行了交代。另外,司马迁还用了"杂语"这个词。《太史公自序》最后提到"厥协六经异传,整齐百家杂语",《史记正义》将此处读为"六经的异传,百家的杂语",但方苞将其解读为"六经和异传"。方苞在《抗希堂十六种·史记注补正》中进行了解释:"言合六经并别传之书,以为史记也。"把"异传"解释为"别传",并将之作为与六经并存的素材。真是如此,则下面的"百家杂语"也必须理解成"百家之说和杂语"。这样的解释应当是合理的。

那么,这些被称为"语"或"杂语"的故事又是哪些人在传颂呢?中国的史学家大多基于《周礼》的思考模式,认为所有的文化都是由朝廷的官员掌握的,我非常不赞成这样死板的思维。

司马迁屡屡使用"长老"一词,长老所言是其编写《史记》时的素材来源之一。《五帝本纪》"太史公曰"中写道:

学者多称五帝,尚矣!然《尚书》独载尧以来。而百家言黄帝,其文不雅驯,荐绅先生难言之。孔子所传宰予问《五帝德》及《帝系姓》,儒者或不传。余尝西至空桐,北过涿鹿，东渐于海，南浮江淮矣，至长老皆各往往称黄帝、尧、舜之处。

其中的"学者"或儒者，相当于前面所讲的"六经"，"所传"无外乎"异传"，而所谓的"长老"，就是不同于"百家"的民间故事，也就相当于前文中出现的"杂语"。《史记》对取材的说明，从首篇《五帝本纪》到终篇《太史公自序》，首尾可对应起来。

《史记》中引用民间谚语时也常常使用"语"这个字，尤其是散见于论赞之中。例如《管晏列传》称："语曰：将顺其美，匡救其恶。"《孙子吴起列传》中称："语曰：能行之者未必能言，能言之者未必能行。"将其作为谚语应用的，如《李将军列传》中"谚曰：桃李不言，下自成蹊"；《佞幸列传》中"谚曰：力田不如逢年，善仕不如遇合"。同样，在引用鄙语时亦有说明，《白起王翦列传》中"鄙语云：尺有所短，寸有所长"，《平原君虞卿列传》中"鄙语曰：利令智昏"，等等。

那么，先前所说的"杂语"与这里的"鄙语"之间又有着怎样的共同点呢？首先它们都是自古流传下来的熟语。在与"鄙语曰"相同的情况下，有的地方用了"古人有言"，如《三王世家》中"古人有言曰：爱之欲其富，亲之欲其贵也"。如前所说，"杂语"是所谓长老流传下来的智慧，长老则是熟知各种口头传说的百事通。《龟策列传》太史公曰："余至江南，观其行事，问其长老，云龟千岁乃游莲叶之上，蓍百茎共一根。"因此，"杂语"可以说是当时的智慧宝库。

那么，这样的说唱又在哪里表演呢？类似的演出，在王侯的宫廷中通常由倡优来表演，[三]私塾老师在向弟子讲述故事时无疑也会带有表演的成分。但所谓的"杂语"并非源于倡优或学者，而是来自普通市民中通晓百事的长老，所以场地应该就是都市里的"市"。古代的市不仅是经商之处，也是市民休憩的地方，更是有闲阶级打发时间的娱乐场所。[四]虽说是娱乐场所，但也不可能有剧场、电影院、音乐厅那样的设施，只不过是市民聚在一起相互攀谈、相互聆听、相互表演取乐而已。好在古人不像现代人这样喜新厌旧，同一个故事无论听多少遍都不会觉得厌倦。故事的原型是基本固定的，但经过反复表演，其中的内容就变得洗练起来。对文学而言，民众才是伟大的创造者、理解者、批评者，是人民的宽容，才促成了文学的不断成长。只是在这个过程中，也会为便于讲述而对故事的细节进行加工和改造。

司马迁对其搜集和筛选的民间故事进行加工，将其写入了《史记》。如同很多史家一样，他不是创作者，只是编纂者。不过他在取舍素材时的慧眼，是别的史家望尘莫及的。同时无可否认的事实是，也有一些史实以外的、完全由说唱人编造的东西，骗过了他的双眼，混入《史记》之中。

四

　　为了明确《史记》作为历史著作的特征及其文章的特点，有必要将其与《汉书》做一次比较。特征也好，特点也好，总之都是相对而言的。

　　从司马迁的《史记》到班固的《汉书》，不单是从通史到断代史这一形式上的变化，还关系到更加本质的变化。如果先说结论的话，这就是：从文章上来看，《汉书》可以说是退步了，但从历史著作这个角度来看，则《汉书》确实取得了进步。凡事总有利弊，这个问题也必须同时考虑到内外两面的因素。

　　《史记》的文章，由于司马迁努力汲取民间的说唱故事，因而显得非常写实，也非常精彩，人物个性栩栩如生。但若要将之作为严格的史料，就不得不好好思考一下它的可信度了。当然，司马迁并非不加分辨地采用民间传闻，而是经过了自己的取舍，这从上文谈到的《刺客列传》就可以看出。《苏秦列传》的赞语中也说"然世言苏秦多异，异时事有类之者皆附之苏秦"，可见世间有很多附会在苏秦身上的逸事，司马迁只从"世言"中选出他认为可信的资料，将之写进苏秦的传记。尽管如此，《苏秦列传》在谈到合纵成功时说："秦兵不敢窥函谷关十五年。"对这句话，自古以来就不乏用辞过甚的批评。

　　平心而论，《史记》的文章越是美妙，从史实的角度来看就越容易成为弱点，甚至是硬伤。鸿门宴中项羽究竟是不是面东而坐，这个问题从绝对史实角度来看，即便是普通的史家，他们与生俱来的猜疑心都会难以完全相信这样的记载。我们所能确信的只有一点，那就是司马迁确实听到过这样的故事。

《汉书》多处采用《史记》的记载，但其中也有班固自己的取舍。班固的文章非常厌恶重复的叙述，因此叙述鸿门宴时绝不会言及项羽和沛公的座次。不仅不会言及座次，《汉书·高帝纪》虽取材于《史记·项羽本纪》，但他竟冷酷到不顾这样的改写会使文章黯然失色，只将项羽、项伯、范增、沛公、张良和樊哙的行动保留了一个轮廓而已。于是我们在《张良传》中看到的是"语在羽传"，在《项籍传》中又是"语在高纪"，因此，《高帝纪》才是其最根本的部分。《樊哙传》中只保留了他言行的轮廓，所占篇幅只有《史记·项羽本纪》相关部分的大约三分之一。文章变得无趣的确是事实，然而从历史学的角度来看却是除去了赘肉，把史实压缩到可信赖的范围之中。因此从历史学的立场上来看，班固的做法确实是一种进步。

但要说班固是否完全贯彻了他的史学思想，那倒也不一定，他也有做得不彻底的地方。他在《张良传》中张良遇见黄石公的那一段，以及《陈胜传》中当初的佣耕者前来做客的那一段，完全继承了《史记》的文字。张良与黄石公约定见面时间却迟到的情节，其实没有也无妨，即便有的话，一次也就够了。对于说唱人来说是必要的重复,对读者来说只是多余的。还有,来陈胜处做客的佣耕者用了楚方言"夥"这一段,原本的着眼点在于说唱时的效果,如果单作为用来阅读的文章,那就显得没有什么生趣了。班固如果忠实于自己的信念,此处就应该改得比《史记》更简洁,更无聊,这样作为科学性的历史才显得更可信。

史实能够在多大程度上写得有生趣,历史的真实与文学的真实能否一致?不仅是汉代,我们今天依旧为此而烦恼。

在司马迁的时代,通过文字记录下来的史料还很少,因此,他要书写汉以前的悠久历史,就势必要从民间的口传中发掘材料。[五]所有的口传都有地域性,各地流传的话题都不相同,因此他经常外出旅行,在当地听取民间的口传,走访口传中提及的遗迹。《史记·魏公子列传》中说隐士侯嬴"年七十,家贫,为大梁夷门监者"之后,又借侯嬴之口说出"嬴乃夷门抱关者"。除此之外,夷门在故事中多次出现,可见司马迁确实对夷门进行过实地考察,确定过夷门的存在。在《魏公子列传》的赞语中,"太史公曰:吾过大梁之墟,求问其所谓夷门。夷门者,城之东门也。"这段话让我们感受到司马迁看到了夷门、于是确信信陵君的事实不误后那种如释重负的心情。此外,他还走访了韩母墓,寻访了丰沛萧、曹、樊哙等人的故居。

然而,到了班固的时代,文字记录的史料急剧增加,尤其是身为宫廷史家的班固能够自由地阅读内府所藏的史料,加上书写的对象仅限于汉代，因此他的工作就完全成了书斋里的工程，也就是书桌上的历史学了。司马迁虽然从父辈起就是宫廷史家，但他仍保留着庶民的一面，虽然把儒家作为学问的正统，但却没有因此而排斥百家。而班固同样是宫廷史家，比起市民的自觉来，更多的则是作为贵族的自觉，加上当时已经形成独尊儒术的形势，阐明儒学的真意才是学者的任务，因此班固对司马迁不遗余力寻访的市井史料嗤之以鼻，称之为"小说家"之言。《汉书·艺文志》"小说家"条中就说：

> 小说家者流，盖出于稗官。街谈巷语，道听涂说者之所造也。孔子曰："虽小道，必有可观者焉，致远恐泥，是以君子弗为也。"然亦弗灭也。闾里小知者之所及，亦使缀而不志。如或一言可采，此亦刍荛狂夫之议也。

也就是说，街谈巷语、道听途说的小说，是闾里的小民所作，君子不应积极参与。虽不全面排斥，其实却不值一文。公平而言，《史记》中多处采用这样的街谈巷语，而班固对《史记》又多有采录，其实不知不觉就间接且大规模地采用了街谈巷语。把古代的传闻当作史实加以珍视，又将当代流行的巷语一概斥为荒唐，这是历史学家经常容易犯的错误，班固也在所难免。

司马迁的时代还没有形成后世那样的学问分类，但在儒学体

肢体动作与文学　　179

系中，儒家经典被奉为不容置疑的真理，其他知识则是"传"，起到辅佐经典的作用。用今天的观点来看，儒家经典中自然包含属于历史学的《尚书》和《春秋》。当时不仅经、史未分，同时子、史也还没有分离，《荀子》《国语》《左传》都被视为"传"。在那样的时代，司马迁成就了一家之言，但在后世经、史分离后，司马迁被尊奉为史学的鼻祖，这恐怕是他自己都没有想到的。

司马迁要叙述的时代，既包括《尚书》《春秋》等古典已经叙述过的古代，也包括此后整个百家争鸣的时代。战国时秦国的《吕氏春秋》，以十二纪、八览、六论的分类方法，试图将当时所有的知识网罗进来。司马迁的设想其实与《吕氏春秋》非常接近，也是以时代和地域为经纬，撰成了可称得上百科全书的《史记》。司马迁撰写《史记》，并不像后人所想象的以撰述一部历史著作为目标，他只是在撰述这些人和事的时候采用了历史著作的形式。在这里，司马迁对自己认为值得传诸后世的东西做了忠实的记录，民间的口碑之所以要保存，不仅是因为作为其核心内容的史实值得保存，也是因为说唱这种形式本身就具有保存的价值。雅俗未分，是《史记》的显著特征之一。

虽然班固的《汉书》继承了司马迁《史记》的体裁，但两者在叙事意图上有着很大的差异。一般把《史记》称为通史，把《汉书》称为断代史，这不单是叙事时间上的长短，应该还有着其他含义。作为断代史，《汉书》与后代正史中的其他断代史有着截然不同的含义。班固是东汉人，虽说是东汉，但终究和西汉是同一个王室，所以班固写的其实是当代史。后世的正史都是把前朝的历史当作过去的事来编纂，而《汉书》却把西汉的历史当作当代史在书写。所以对班固来说，《汉书》的意义不仅在于它是一部历史著作，更在于它是汉代的历史。在汉代人看来，汉王朝比此前的任何时代都要光芒四射，有着至高的权威。而且汉王朝把儒学定为国教，用儒学思想来指导国民是其基本国策，因此，光大这一国策就是班固最大的责任。班固撰述的历史，是衣冠楚楚、一本正经的士人君子式的历史，是街谈巷语无法企及的典雅文章。

然而，《汉书》对《史记》体裁的继承给后世带来巨大影响，从此规定了历史记述的方向，就像两个点就能决定一条直线一样。于是，后世继承《汉书》纪传体体裁的史书不断涌现，但这些现在被称为正史的史书，无一不是对前朝历史的叙述，根本不可能有班固撰写《汉书》时那般书写现代史的感激之情，充其量不过是事务性的记录而已。

一般认为司马光撰写《资治通鉴》是试图恢复通史的传统，但《资治通鉴》的意义与司马迁的《史记》截然不同。《资治通鉴》虽是通史，但也只贯通了几个王朝，据说春秋之前的历史被有意地回避了，开篇即从战国开始。因此，《资治通鉴》并不是包含全部历史时期的通史，只是断代史的集合而已。其次，虽说《资治通鉴》的文章受到当时古文运动的影响，摆脱了四六骈俪文的束缚，努力回归汉代的传统，成为复古主义的一翼，但司马光所能回归的不过是《汉书》的文章，根本无法回归到《史记》。这一点不仅司马光做不到，恐怕司马光以外的其他所有史家也都无法实现。具有讽刺意义的是，司马迁的这种精神却在《三国演义》《水浒传》等通俗文学中得到了一定程度的回归。

近世的古文家其实也已感受到《史记》行文的妙处，这从《史记评林》这类书一再增补重版并广受欢迎的现象中就即窥见一二。但他们只是在欣赏《史记》的文字，并没有想过去模仿。恐怕也根本无法模仿，因为他们并不知道《史记》的文章到底是因为什么才具有如此的魅力。尽管我对此也不十分了然，但至少通过这篇文章做了探究的努力。只是我说的这些都甚为通俗，或许会被博雅君子嘲笑为"评林本"。但是，如果要我说一句什么话的话，我希望各位偶尔也把"评林本"之类的图书拿来用作研究的辅助手段吧。[六]

注释

[一]《史记》中常常用"坐定""与坐"等词语来描述宴会或密谈的场景。《魏公子列传》中的"坐定"属于前者,《吕不韦列传》中的"与坐"属后者。《史记评林》指出《荆轲列传》中"田光坐定""荆轲坐定"这两处"坐定"属于语言的重复,这一评价甚为恰当,但对《项羽本纪》所言鸿门宴的座次,只是提出"纪座次甚奇"短短数字,颇显不足。

[二]"沈沈"的意思。《史记集解》引应劭之说,称"沈沈"为宫室深邃貌。"沈"或与"陈"同音,与《平准书》中的"陈陈相因"同义,两者都应解释为数量之多。无论如何,"沈沈者",若不被听成是陈姓的人,下文就难以理解了。

[三]关于宫廷的俳优。我曾对《史记·优孟列传》展开过论述,其中写道:"在楚庄王宫中,优孟扮成孙叔敖,其他的俳优则扮成庄王来作答。"(《亚洲史研究》第一卷,第415页,后收入《宫崎市定全卷》第十七卷《读史札记一》)但现在想来,也许所有的问答都是优孟一个人表演的,他时而扮成孙叔敖,时而扮成孙叔敖的孩子,时而又扮成庄王,反反复复地扮演着这些角色。可以在宫中表演的东西,在市井中同样也可以表演,或许司马迁撰写《优孟列传》时就是从市井说唱中获得灵感的。此时的说唱人无疑必须一个人同时扮演真的庄王和虚构的庄王,这或许就是《优孟列传》难以读懂的原因。我发表那篇论文已经是大约三十年前的事了,从那以后我一直沿着这条线索向前摸索,重新思考《史记》中难以理解的部分,最终得出的结论,就是这次发表的小文。

[四]拙稿《战国时期的都市》(《东方学会创立十五周年纪念东方学论集》,

1962 年，后收入《宫崎市定全集》第三卷）。

[五] 内藤虎次郎博士《中国史学史》，第 159 页以下。

[六] "评林本"的评论、标注有谬论拙见，但时而也有辛辣的批评。李光缙增补"评林本"的标注中引黄洪宪的评论，认为信陵君用侯生的献策实属荒唐，指出：如果如姬盗兵符失败了该怎么办？拿到兵符后进不了晋鄙的军中该怎么办？夺得了晋鄙的兵士，与秦国开战，胜不了又该怎么办？看来一切能够顺利进行靠的完全是运气。这样的评论甚是中肯，但故事之所以为故事也正在于此。读者可以沿着惊险而纤细的因果关系，充满刺激地走到最后。重点还不在这儿，如果只写信陵君带着侯生推荐的朱亥杀死晋鄙夺得了军队，作为史实并没有什么不自然，只是故事不再那么有趣。但这样又会产生一个新的疑问，把一个既无趣也无奇的故事的主人公名字写进历史又有什么意义？这就是历史与文学所不同的地方。

(《中国文学报》第二十册，1965 年 4 月)

读《史记·李斯列传》

一　绪言

司马迁堪称中国的希罗多德[1]，他撰写的《史记》在今天而言是历史，而且被视为历史之祖，但正因为是始祖，它还没有蜕变成纯粹的历史。列传部分多半是文学性质的，也就是说包含很多创作的成分，正因为如此，这些内容成了千古传颂的名篇。可以说，《史记》是作为科学的历史学和作为艺术的文学尚未完全分离时代中的试验品。因此，以《史记》本身作为研究对象，试图掌握其特性时，即便用今天历史学的方法加以考证或分析，也经常会有一筹莫展的时候。接下来的问题在于，《史记》是基于怎样的史料，依据怎样的标准加以取舍，又经过怎样的手续加以编

1　希罗多德：约前484—约前425，古希腊作家、历史学家，曾游历欧亚非广大地区，记录了大量的民间历史故事。著有《历史》（又称《希波战争史》）一书，被西方尊称为"历史之父"。

排，才形成了现在的样子的。我想首先把它视为文章上的问题，然后进行历史学的考证，而最适合作为考察对象的就是卷八十七《李斯列传》，只要弄清了这一卷，其他部分的特性大致都可以以此类推。

之所以说《李斯列传》对我的研究目的有利，是因为李斯的生活年代和历史学家司马迁之间的时代间隔正好合适。李斯死于前208年，司马迁则于约一百二十年后的前86年去世，其间大约一个世纪的岁月，用于纯客观地提炼历史事实已经足够了。司马迁是汉代人，对于汉代的历史很容易获得史料，但往往会受到专制政治的束缚，妨碍他的自由想象。李斯则是秦朝的代表人物，对于司马迁来说是不同时代的人，因此可以不受限制地自由书写，而且秦朝是紧接在汉代之前的时代，除汉代以外最容易获得史料。在这样的条件下，司马迁以怎样的方法塑造出怎样的李斯形象，这对于任何人来说都不失为一个有趣的问题。

二 起承转结型

如果要在《史记》的七十卷列传中寻找文学形式最完备的篇章，《李斯列传》必定是首屈一指的。因为读《李斯列传》首先就会感觉到，文章整体是依据中国固有的节拍——起承转结四个阶段来展开的。[一]

《李斯列传》的主要内容分为四段。首先"起"的部分记述他从求学时代到进入秦国，历经恶战后获得秦始皇信任的经过。第二段"承"的部分是李斯辅佐秦始皇完成统一大业的时代，进而作为丞相掌握朝廷大权，位极人臣的巅峰。但是，秦始皇的突然去世使局势急转直下，李斯也迎来生平的一大转折，于是就有了第三段"转"的部分。李斯轻信赵高的花言巧语而采取错误的方针，排除秦始皇的长子扶苏，拥立幼子胡亥为二世皇帝，结果走投无路，迎来了悲惨的结局，这就是第四段"结"的部分。为方便后面的论证，在此有必要对四段的内容做一比较详细的展开。

起。眼前闪亮登场的就是胸怀出人头地的野心、充满进取精神的青年李斯。他出生于今天河南省的上蔡县，当时隶属于楚国，所以列传中称之为"楚国上蔡"。据说李斯年轻时曾当过郡中小吏，至于楚国当时有没有管辖上蔡邑的郡，如果有的话又在哪里，这些我们都不清楚。司马迁之所以称他为郡吏，恐怕是暗示着李斯具有一定的身份背景，至少也是地方基层的统治阶级。

青年李斯在郡衙门任职时，曾在衙门里观察老鼠。生活在茅厕附近的沟鼠饮食不洁且营养贫瘠，还要时刻警戒附近的人和狗，所以神经特别敏感；而住在仓库里的家鼠很少受到惊扰，因饱食谷物而变得圆圆胖胖。李斯感慨，老鼠尚且因环境不同而生存条件迥异，又何况是人呢？充当郡衙门的小吏终究不是长久之计，于是毅然地离开了。

兰陵邑位于今天山东省临沂市,当时属于楚国,大名鼎鼎的荀子曾被春申君任命为兰陵令,离职之后也一直居住在当地。李斯到兰陵后就拜入荀子门下,但他的目的当然不是要穷尽儒学的奥义,而是学习实际有用的帝王之术。当李斯对自己的学问有了自信时,自然就会想到入仕,但当时的楚国是春秋以来的旧国,早已经颓废不堪,李斯没有施展才能的余地。相比之下,被视为潜力股寄予厚望的是西方的蛮荒之地——秦国,于是李斯向荀子告假,向西来到了秦国。

列传中没有交代荀子对李斯的决心持怎样的态度,但李斯出行时很可能得到了荀子的介绍信,尽管这并不是他的本意。因为荀子本来是赵国人,而当时秦国的实权者吕不韦曾长期居住在赵国。总之,李斯入秦时恰逢庄襄王去世(前247),其子嬴政(后来的秦始皇)十三岁即位。此人生于赵国,多次受到吕不韦的保护,因此即位后将吕不韦提拔为相,封为文信侯,全权委以朝政。李斯顺利进入文信侯吕不韦的府邸成了舍人,所谓舍人就是接待宾客的服务员。

当时李斯的年龄不甚明了,但他活过了秦始皇治世的三十七年,在二世皇帝二年被杀,假定他三十岁入府的话,去世时就是六十九岁。古人的平均寿命比今天要短,能活到六十九岁的人应该很少,因此李斯入秦成为吕不韦的舍人时,应该要比三十岁更加年轻一点。如果是这样的话,他的生年应该在秦昭襄王三十一年（前276）之后的几年当中。

李斯的才能得到了吕不韦的认可，被举荐到秦朝政府担任郎。在那里，李斯得以面见秦王，当面阐述统一天下之计，不过这恐怕是秦王在位第九年（前238年）以后的事了。秦王大喜，将李斯任命为长史，参与军国大事。

然而，此时发生了一件意想不到的大事。李斯的后台吕不韦因内乱遭到连坐，加上他个人的丑闻，最终被朝廷免职。

李斯深受吕不韦的照顾，但所幸没有遭到牵连。这究竟是因为他机敏的行为方式，还是不断走动关系的结果，又或者他的身份是正式的政府官吏，法律上没有任何的问题，这些我们都不清楚。但是受这一事件的影响，政府内部对别国转入秦国的官吏失去信任，甚至提出要将他们全部驱逐，颁发了所谓的"逐客令"，李斯也是被驱逐对象之一。《李斯列传》中认为，颁布逐客令是由韩入秦的郑国试图通过水利工程令秦国财政疲惫的阴谋暴露后引发的结果，但郑国入秦是在秦始皇即位当年[二]，逐客令则是即位十年后的事情，两者在年代上的关系过于疏远。因此，这里采用司马光《资治通鉴》的观点，将逐客令视作吕不韦倒台的余波比较恰当。

对于当时已经位居客卿的李斯来说，这一消息无异于晴天霹雳。此前多少年的辛苦和奋斗，如今却即将化为泡影。危急关头，李斯抱着必死的决心为撤销逐客令而奔走。他向秦王上书，控诉新令的不当,这就是《逐客论》。秦王被李斯的言语感动,取消了先前的逐客令,李斯官复原职,此后十六年作为参谋先后平定了六国。

承。秦王嬴政即位第二十六年,六国中最后的齐国灭亡,天下一统的大业终于完成,当时的李斯官居廷尉,仅次于丞相和御史大夫。他的年龄大概在五十五岁上下,此后的十年左右是他的黄金时期。

秦王成了统一的君主,王号改为"皇帝",自称为"朕",他废除了天子死后群臣议定谥号的惯例,建立起君主独尊的体制。不难推测,信奉法家思想的李斯在其中起到了重要的作用。

丞相王绾等提议将天子一族作为皇室的藩屏分封到各地,李斯表示反对,主张采用郡县制,最后确定将天下分为三十六郡的正是廷尉李斯。但当时李斯的上书只见于《秦始皇本纪》,列传中却遗漏了。郡县制意味着统一,从文字、度量衡,以至于车辆的轨幅,地方都必须遵循中央制定的标准。传说秦朝官制文字小篆的原典《仓颉篇》上七章就是李斯的作品,不过依据的是后世的《汉书·艺文志》。

从天下统一的第二年,即始皇二十七年开始,秦始皇开始视察地方,也就是所谓的巡狩。这一举动包含着对地方人民的示威,特别是要让新领土上的人民彻底知晓中央皇帝的无上威严。历次巡狩李斯都随侍左右,参与立石刻铭歌颂秦朝功德的仪式。

这些巡狩的记事在《李斯列传》中基本上都被省略了。

始皇二十八年巡狩至山东的琅琊台，从刻石上的排名来看，卿（廷尉）李斯的名字仅次于丞相隗林和丞相王绾。六年后的始皇三十四年，朝廷再次提议封建时，李斯的官位已经是丞相了。秦始皇在咸阳宫置酒时，现场有七十名博士，其中的齐人淳于越陈说封建制的优点，请求秦始皇反思。丞相李斯在答复秦始皇的询问时驳斥了封建的提议，进而提出民间私学非议政府、扰乱视听的弊害，谏言推行严格的思想管制，秦始皇准许了他的提议。管制的内容包括：史官所藏史书中非秦国的记录全部烧毁；除博士官外，民间关于诗书百家的记录全部上交官府烧毁，有敢偶语者弃市；以古非今者族诛。书籍中允许民间私藏的仅限于医药、卜筮、种树之类，学问以法令之学为主，但不得从民间学习，必须跟从官吏。

此时的李斯无比尊贵，不但自身位极人臣，其长子李由被任命为三川郡的太守，其余诸子都娶了秦的公主，女儿嫁给秦的公子。李由从三川郡归来时，李斯在家中置酒迎接，百官都上门祝贺，门前车骑数千。这时，李斯想起荀子"物禁太盛"的教导，于是叹息道：

> 夫斯乃上蔡布衣，闾巷之黔首，上不知其驽下，遂擢至此。当今人臣之位无居臣上者，可谓富贵极矣。物极则衰，吾未知所税驾也！

这样的言论听上去很令人钦佩，但谦逊的文字中里其实隐藏着无可救药的傲气。他完全忘记了政治家本职，一心憧憬于富贵，如今既然得到了富贵，就会不择手段去维护现状。眼前正有意想不到的陷阱等待着他，李斯的生涯在此迎来危险的转折。

转。始皇三十七年，李斯随从行幸，预定到达今天浙江省的会稽后沿着海岸北上，途经琅邪，由河北、山西回到都城。李斯当时是左丞相，与秦始皇的幼子胡亥和宦官赵高等人一同出行。然而经过今河北省沙丘台时，秦始皇突然患病，出现生命垂危的迹象。秦始皇也感觉到这一点，于是给正在长城前线监军的长子扶苏送去遗书，令扶苏将军队交托给蒙恬将军，迅速赶回都城迎丧。不幸的是，这一机密文书落入宦官赵高的手里，秦始皇去世后，赵高就蠢蠢欲动了。

赵高威胁秦始皇的近侍极力掩盖丧讯，然后说动幼子胡亥参与阴谋，排除长子扶苏后自己登上帝位。接下来就是李斯，李斯本该迅速联络前线的长子扶苏和留守都城的右丞相冯去疾，以便护送秦始皇的丧车返回京城。如果真这样做就什么事都不会发生了，但他却从自己的立场出发，担心交情尚浅的扶苏一旦成为天子，不久之后就可能疏远自己。这一弱点正好被赵高掌握了。

赵高把阴谋透露给李斯并要求合作，李斯起初象征性地表示了反对，然而一旦考虑到个人得失，必须做出决断时本就优柔寡断的李斯轻易地相信了恶魔的甜言蜜语。这也是因为秦始皇专制性的压抑统治夺走了所有政治家的自信和魄力，此时的李斯已经年过六十，甚至有可能超过七十，他在秦始皇的统治下仅仅作为一个秘书官，早已不习惯凭借自己的判断采取积极的行动。此后的李斯就如同没有魂的木偶，一味地受到赵高的操纵。

赵高与胡亥、李斯商议毁掉秦始皇的遗诏，另起新诏书后遣使送到前线的长子扶苏和将军蒙恬那里，以手握大军却无所作为为由责令他们自裁。这时，习惯于秦始皇恐怖统治的扶苏没有任何反抗就乖乖自杀了，蒙恬也被解除兵权下了监狱。突破最大难关的赵高等人欢呼雀跃，他们将秦始皇的灵柩运回都城咸阳发丧，并奉胡亥为二世皇帝即位，由赵高、李斯二人掌握政治大权。然而，两人间不久就出现裂痕，李斯在赵高的引诱下一步步落入陷阱，迎来了悲惨的结局。

结。李斯即便良心丧尽也仍是朝廷的大臣，对于政治举措及其影响具有专业的常识，因而不喜欢越出边界。但赵高身为宦官，他的经验仅仅来自狭小的宫廷，以为天下的资源是无穷无尽的，一切行动只为满足自己的私欲，却不曾想寄生虫一旦吸干了寄主的血，寄主倒下后自己也必死无疑。于是，隔着秦二世的赵高和李斯之间出现了权力斗争。

赵高为获得二世的信任，一味教给他骄奢淫逸的生活方式。李斯为了和赵高对抗，起初装作顺从地卖弄言辞博取二世的欢心，因此才有了与李斯不相配的劝谏享乐的上书。

读《史记·李斯列传》

秦二世之所以能够排除扶苏即位，完全是因为伪造的诏书假借了死去的秦始皇的威名，所以一旦真相暴露，王族重臣之间必然会掀起反抗的浪潮。对此深怀恐惧的赵高和二世必须先下手为强，将可能反抗的势力一一清除。为此，旧的法律已经不够用了，必须制定新的酷法将嫌疑人统统处以死刑。大臣蒙氏自不待言，其他重臣也相继遭到诛杀。秦的恐怖政治从秦始皇以前就存在了，但将刑罚用于政治的做法一旦开始就会不断升级，这一原理是古今通用的。

这样极度压抑的政治当然不会有好的风评，恶评在各个阶层中传播。赵高担心传言进入二世耳中，因为昏聩的二世也许会忘记自己才是罪魁祸首，而把责任全部推到赵高的头上。赵高又以甜言蜜语引诱二世，使他沉湎于宫中的游乐，不再接见大臣。二世只和赵高谈论政治，将裁决权完全交给了赵高，于是就连身为首席大臣的李斯也无法轻易接近二世。

秦二世和赵高拙劣的施政使得本就对秦朝政治恶评如潮的舆论反抗更加高涨。秦始皇去世翌年，也就是二世治世元年七月就有陈胜、吴广揭竿而起，他们占领陈国故地，国号张楚，世人称陈胜为陈王。

消息到达咸阳后，赵高拼命掩盖事实，向二世报告称其为鸡鸣狗盗之徒，不足为虑。但李斯当然知道事情的重大，于是求见二世，赵高就在二世耽于玩乐、兴致正高的时候让李斯觐见。二世果然大怒，声称再也不想见到丞相。这就正中赵高的下怀。

在国家生死存亡的紧要关头，李斯终于领悟到与赵高的决战在所难免，于是开始上书弹劾赵高。然而为时已晚，完全被赵高掌握的二世反而将李斯视为罪人，把他交给赵高发落。因为赵高有一个极好的借口，那就是李斯的长子李由身为三川郡守，却与陈胜等叛军暗通款曲。

据说秦朝的三川郡得名于河水、洛水和伊水三条河，但其辖区不甚明了。仅从名称来看，可以推定包含今天洛阳到开封的地区，这里无论何时都是政治军事上的要地。三川郡的治所在荥阳，也就是今天的郑州偏西一带，因此距离陈胜的张楚国很近。郡守李由任由境内的贼军横行，却从不加以讨伐，这必定是因为与敌军有文书上的往来。赵高奉二世旨意审问李斯，借口其有与李由共同谋反的嫌疑对他严刑逼供。

于是李斯在狱中上书申冤，这是一篇名文。

> 先王之时秦地不过千里，兵数十万。臣尽薄材，谨奉法令，……卒兼六国，虏其王，立秦为天子。罪一矣。地非不广，又北逐胡、貉，南定百越，以见秦之强。罪二矣。尊大臣，盛其爵位，以固其亲。罪三矣。

在此之下共有七条罪，李斯列举自己的功绩，希望二世回心转意，但是这份上书被赵高扣留，没有到达二世手里。赵高让自己的人假称特命的使者、御史、谒者、侍中，前来狱中审问李斯，一旦李斯信以为真吐露真情，就会遭到毒打。赵高见李斯已成惊弓之鸟，于是带来真正的二世的使者调查李斯。此时的李斯已经放弃，为了不再遭受更多痛苦，只得毫无反抗地承认了所有的罪状。使者将李斯的供词呈给二世，二世大喜，以为差一点就受了李斯的骗，称赞赵高明察秋毫。

二世二年七月，李斯被判处死刑，从狱中带到咸阳市内腰斩。李斯对着同样受刑的次子叹息道：

　　吾欲与若复牵黄犬俱出上蔡东门逐狡兔，岂可得乎！

两人恸哭赴死。李斯被夷灭三族，长子李由此前已经被楚国的项羽攻杀。

《李斯列传》还有一个尾声，赵高对二世指鹿为马，最终杀害二世，拥立他的侄子子婴。子婴杀掉赵高，夷灭其三族，不久后向汉高祖投降，最终也被楚国的项羽所杀。

三　五篇上书的出处

如上所述，《李斯列传》不仅仅是将所有材料按年代顺序加以排列，而且是在预先设定的轨道上，按照起承转结顺序展开李斯一生的文学性作品，可以看作是一个剧本。历史和文学本来性质不同，但并不是说历史记述不能是文学性的，只不过一切都应当建立在尊重历史的约定之上。

那么第一个问题就是，《李斯列传》是基于怎样的史料书写的。当然，今天要实证这一问题已不可能，但通过一定的方法仍可以做到某种程度的接近。

首先，《李斯列传》中包含五篇上书。虽然列传正文中都没有标题，但为方便起见，在此借用严可均《全秦文》中附加的标题。

（一）《上书谏逐客》：通常被称为《逐客论》，在《续文章轨范》等各种选集中都有引用。

（二）《议烧诗书百家语》：这与《秦始皇本纪》中记载的内容基本相同，写于秦始皇在位第三十四年。

（三）《上书对二世》：向二世劝谏享乐的上书，作为大臣的上书很不合适。

（四）《上书言赵高》：向秦二世弹劾赵高。

（五）《狱中上书》：与赵高斗争失败后在狱中上书二世，陈述自己的功绩，希望二世回心转意。

如果是后世史书，引用的上书奏议之类一般会被认为出处可靠，议论正确与否姑且不论，作为基础性的史料通常会给予很高的评价。那么《李斯列传》的情况又如何呢？

关于这一问题，为我们提供线索的是第二篇上书，因为它和《秦始皇本纪》中的内容基本是相同的。一般认为，《秦本纪》和《秦始皇本纪》很大部分依据汉代史官所藏的《秦记》系统的史料，如果真是这样，那就不失为第一手的基本史料。但是，《史记》在运用这些史料时并非一字一句忠实转写，若对比两者的话，会发现在重要点上彼此存在出入。

刚才叙述《李斯列传》的概要时，在关于李斯提议思想管制并得到秦始皇许可的部分，方便起见参照了《秦始皇本纪》的记载。现在我把相关的内容更加详细地列出来：

> 臣请史官非《秦记》皆烧之。非博士官所职，天下敢有藏《诗》、《书》、百家语者，悉诣守、尉杂烧之。有敢偶语《诗》《书》者弃市。以古非今者族。吏见知不举者与同罪。

但《李斯列传》的这一部分却很简短：

> 臣请诸有文学、《诗》、《书》、百家语者，蠲除去之。

后面的内容是：

> 令下三十日不烧，黥为城旦。所不去者，医药卜筮种树

之书。若欲有学法令，以吏为师。

《李斯列传》的文字大体相同。将两者加以比较的话，会立刻察觉到《本纪》的文字更接近史料原貌，而《列传》的文字进行了删节。

《本纪》的前文中出现了"今皇帝"三个字，这是秦代记录中常常出现的表达，在皇帝二字前加上"今"这一副词，指相对前代而言的秦代的情况。但《李斯列传》将其改写为"今陛下"三个字，当时并没有后代那样"皇帝陛下"的用法，"陛下"一词是代替"皇帝"使用的。陛下这一称呼很可能是进入汉代后才频繁使用的，这一点也可以证明，李斯的第二篇上书必定是《本纪》的文字更接近原貌，列传的文字则加入了转写。

但李斯的上书是不是司马迁直接利用了《秦记》等政府所藏的史料，这仍然存在疑问。因为直到汉代为止还存在一些便利的二手史料，那就是《汉书·艺文志·春秋家》中提到的：

奏事二十篇，秦时大臣奏事，及刻石名山文也。

如果要书写秦朝的历史，这是绝佳的史料。再者秦朝确实有编纂这类图书的必要，那就是秦始皇以来学问成了必要实务的学习，如果希望将来成为高级官僚的话，就需要以过去大臣实际上书的奏议或刻石铭文作为练习的范本，因为自己不知何时也会有实际运用的需要。因此，各地官衙可能都会把这类图书作为教科书加以收藏。既然要编写这样的图书，李斯的上书自然被作为最妥当的文例率先加以采用。

这样想来，第二篇上书即便不直接查看政府史官的《秦记》这样的珍贵图书，只要有《奏事二十篇》或者其他类似的图书就足够了。还可以想到的是，第一篇《上书谏逐客》也会出现于同样的图书中。

不见于《李斯列传》而见于《秦始皇本纪》的李斯上奏中有《议废封建》一文。始皇二十六年天下统一之后，丞相王绾等人请求将诸子分封到燕、齐、荆等边地，群臣纷纷赞同，唯有李斯表示反对，向秦始皇谏言封建将会成为天下大乱的根源。李斯的这篇奏议，恐怕也会出现在《奏事二十篇》之中。

那么，《李斯列传》中的其他上书也都是基于可靠史料的文章吗？其实并不能这样说，当中最奇怪的就是第五篇《狱中上书》。

这篇上奏前文也有提及，是李斯陈述自己的功绩，将之作为罪状之一，并一直数到七宗罪的文章。第一宗罪说得非常详细，但第二宗以后就十分简略，仅仅列出了概要，前后的感觉很不平衡。这恐怕是根据某份原文转写时出现的节略，但整体上仍是一篇带给读者紧迫感的好文章。

根据《李斯列传》的记载，李斯上书后，赵高使吏弃去不奏，曰："囚安得上书！"既然李斯的上书刚写完就被丢弃了，自然不可能保留在政府的史官那里。这篇上书写于李斯被杀的二世二年七月，或者再稍微早一点，翌年八月二世被赵高所杀，九月赵高也被杀，再下个月沛公刘邦进入咸阳，秦王朝宣告灭亡。在这样动乱的时代里，一度丢弃的李斯上书还有残存的可能吗？这样一想，这篇上书显然就是后人的创作了。

如此，《李斯列传》中所记载的据说是李斯所作的五篇上书可以分成两类，分别是《上书谏逐客》《议烧诗书百家语》这样在一定程度上可以相信的史料，以及《狱中上书》那样后人根据当时的情况推测创作的文章。那么，剩下的两篇又分别该属于哪一类呢？

两篇上书中，与《狱中上书》性质接近的是第四篇《上书言赵高》。既然其内容是反对当时的最高掌权者赵高，政府的史官当然不会保存，流传民间在好事者之间传播的可能性也非常小，所以和第五篇一样属于后人的创作。

接着是第三篇《上书对二世》，其内容是劝谏天子享乐，这一点可以说是绝无仅有的。如果探讨文章的话，会发现有很多不属于秦代的表达方式。比如"申韩之明术""能明申韩之术""虽申韩复生"这样的句子，"申"自然指出仕韩昭侯（前362—前333年在位）的申不害，是早于李斯百年以上的古人，将他和自己的同门韩非子并称为"申韩"是非常不妥的。

读《史记·李斯列传》　203

文中还有两条"韩子曰"的引用,据说嫉妒韩非子的才能而将其置于死地的正是李斯,他又怎么会在上书文中引用同辈的韩非子呢?

再者,文中将被称为世间贤主的明君之德定义为"死则有贤明之谥也"。秦始皇成为天子的同时就废除了给前代君主赠谥的制度,这是历史上有名的事件,当时参与朝议的李斯不可能对二世说这样的话。以上种种,第三篇上书无论如何不可能是李斯的实际上书,只能看作是不相干之人在后世创作的。

尽管如此,这三篇上书并不都是司马迁自己的创作,他恐怕是基于某种史料进行了转写。司马迁的确是优秀的史学家,但他并没有像今天那样做严密的史料批判,因此在史料很少的时代,只要能够利用就往往不加深入探讨地写入《史记》,这样的情况并非仅此一例。

如果说司马迁利用了什么史料,我当然无法很自信地作答,但也并不是毫无头绪。《汉书·艺文志·纵横家》中有一篇:

《秦零陵令信》一篇,难秦相李斯。

此书今天已经不存,这里的"信"也不知道姓氏。但这篇很可能是先提出李斯的议论,然后叙述作者的"难",也就是反驳意见。因为是纵横家,有时不一定依照史实,可以说是一种竞争辩论说服力的创作。《艺文志》的下文中说到了纵横家的特点：

及邪人为之，则上诈谖而弃其信。（师古曰：谖，诈言也。）

恐怕司马迁就是从这样的书中提取了被视为李斯议论的部分。

四　赵高和三个仇人的故事

这样从《李斯列传》中抽去五篇上书后，剩下的就是李斯的生平概况以及和赵高的来往。因此接下来需要探讨的是，占据列传大部分的李斯和赵高的瓜葛是依据怎样的史料写成的。

在此必须事先考虑的是，李斯和赵高之间的问答多半都是机密中的机密，是不允许其他人在场的。秦始皇死后，赵高向二世胡亥献上夺嫡之计，这样的问答应该是在两人间秘密进行的，不可能被第三个人听见，当事的两人此后也没有向任何人公开，因为如果被他人察觉会产生严重的后果。接着，赵高说服李斯参与阴谋，这时的问答也是在两个人之间进行的。李斯同意后又和二世会合，这时依然只有三个人，对于其他人都必须严格保密，一旦泄露出去就会给三人带来致命的打击。因此，三人间的问答终究不可能作为史料流传于当时或者后世，换言之，这无疑是一种创作。

如果视为创作，这一部分为引起读者的紧张，进行了非常巧妙而有效的加工。当赵高提出伪造秦始皇的诏令杀掉长子，由幼子胡亥继承帝位的阴谋时，胡亥是绝不会马上答应的。

  废兄而立弟，是不义也；不奉父诏而畏死，是不孝也。

二世以道义为由正面反对，这也是理所当然的。如果胡亥坚持他的立场，那么赵高的阴谋将从根本上覆灭。作者一边展示事态的紧急，一边让赵高口若悬河，滔滔不绝，最后终于扭转局势，顺利说服二世参与到阴谋之中。接下来就是李斯了，李斯最初也反驳道：

  安得亡国之言！此非人臣所当议也！

但是赵高执着地向他陈说利害，本就优柔寡断、只具有书记员才能的李斯逐渐被软化，最终完全屈服了。

  嗟乎。独遭乱世，既以不能死，安托命哉！

李斯在叹息的同时出卖了良心。一旦中了恶魔的圈套，李斯的命运就急转直下，落入了无尽的深渊，越是挣扎就陷得越深，最终迎来夷灭三族的悲惨结局。

那么，故事的作者是谁呢？答案无外乎就是民众。我认为，古代中国是都市国家性质的社会，[三]直到汉代都大量保存着春秋时代都市国家中市民生活的影子。古代市民需要社交的场所，与此相应的就是市，都市中的市不仅仅是商品交易的场所，也是市民憩息和娱乐的地方，这就如同古代希腊的市场（agora）和罗马的广场（forum）一样。

对于我的这种解释，经常听到的非难就是过于攀附西洋，但我并不是要攀附西洋，而是与西洋进行比较。如果比较不当，那当然是有问题的，但我从来没听人指出过其中的不当之处。其实，问题从一开始就不应该以那样的观点提出。无论东洋还是西洋，人类在社会生活中的需求并没有大的区别。古代的人当然也需要集会、社交、娱乐的场所，我所能寻找到的无非就是市。结果证明，东方的市和西洋的市在功能上是十分接近的。

在战国秦汉都会的市里，市民集合后会由两到三个人作为演员，通过表演和念白的形式讲述故事，在民众的喝彩声中打发时间。这就被称为"偶语"，偶语家中专职侍奉王侯的就叫作"优"。[四]其实就在秦始皇时代，李斯曾向秦始皇提议禁止民间的一切偶语。《秦始皇本纪》"三十四年"条记载：

> 有敢偶语《诗》《书》弃市。[1]

这里的"书"是"者"字之误,"诗"可能是衍字。从上面读下来,这里无论如何需要一个"者"字,但因为讹成了"书",意思就读不通了。由于上文中出现了"诗书",就根据意思补了"诗"字。《史记》卷八《高祖本纪》"汉元年十月"条中,高祖入咸阳对父老陈述秦朝的苛法时说道:

> 偶语者弃市。

这里的记录是正确的。关于偶语的意思见于《秦始皇本纪》同条下的"集解":

> 应劭曰:禁民聚语,畏其谤己。

但"偶"字并没有"聚"的意思,于是《正义》说:

> 偶,对也。

---

[1] 中华书局标点本《史记》作"有敢偶语《诗》《书》者弃市"。

就是为了避开这样的误解。这两条想说的意思就是，偶语的文字意思是对语，也就是两人相对的问答对话，但实际上也有多人聚集成为听众，有谈及时事批评当权者的情况。

不仅《李斯列传》，《史记》中还有很多地方都把民间传说直接用作资料，特别是在内容十分有趣的情况之下。

《李斯列传》分为起、承两段和转、结两段，值得注意的是这两部分的氛围是完全不同的。因为后两段名义上的主人公是李斯，但实际活跃的却是赵高，李斯不过是毫无色彩的配角而已。那么，司马迁到底运用了什么种类的偶语资料呢？总觉得这一故事的主人公似乎并不是李斯。

另一方面，在《李斯列传》后半部分的转、结两段中，作为主角而活跃的赵高的性格值得注意。虽然赵高作为反派角色是无法改变的，但不知何故司马迁并没有把他描写成魔鬼一般的人物。比如二世即位后迫害自己的兄长，《秦始皇本纪》中只写道：

　　六公子戮死于杜。公子将闾昆弟三人……皆流涕拔剑自杀。

但《李斯列传》中则记载道：

　　公子十二人僇死于咸阳市，十公主矺死于杜。

尽管二世和赵高保全自己地位的心情可以理解，但这不得不说是防卫过当了，甚至于明知道可能激起反抗，引发危险的事端，为什么还要这样做呢？关于李斯的死状同样写道：

>具斯五刑，论腰斩咸阳市。

其中的"具五刑"，《汉书·刑法志》记载道：

>当三族者，皆先黥，劓，斩左右趾，笞杀之，枭其首，菹其骨肉于市。其诽谤詈诅者，又先断舌。故谓之具五刑。

也就是在尝受各种痛苦之后笞打致死，李斯死的时候由笞杀改成了腰斩。赵高和李斯之间为何有着必须加以如此酷刑的怨恨呢？这样的嗜虐性仅凭宦官的自卑感是无法解释的，那么它到底来自哪里呢？

赵高作为《李斯列传》后半段的主人公，是毫无铺垫地突然出现的，但关于赵高的秉性在同样被他杀害的蒙恬的列传中也有记载。我从那里得知赵高其实是被秦国灭亡的赵氏一族，于是豁然开朗。尽管血缘疏远，但赵高正是赵国王族的后裔，他要向秦国报亡国之恨，这又是一出《赵氏孤儿杂剧》的故事。

《史记·蒙恬列传》记载：

> 赵高者，诸赵疏远属也。赵高昆弟数人，皆生隐宫，其母被刑僇，世世卑贱。

这里的"诸赵"就如同齐王族的"诸田"一样，是指赵王一族的意思。"生隐宫"三个字《史记索隐》读作"生于隐宫"，将它的意思解释为：

> 刘氏云：盖其父犯宫刑，妻子没为官奴婢，妻后野合所生子皆承赵姓，并宫之，故云"兄弟生隐宫"。

这里的意思不太明确，可能是说没为女奴的母亲在名叫隐宫的地方，相继生下了没有父亲的孩子，于是依据前夫的姓氏，孩子们也都是赵氏。如果是这样的话，和下文"母被刑僇"在时间衔接上无论如何都会存在问题。已经沦为奴隶，生下几个孩子后又被判处死刑，这也太残忍了。如果只读正文，恐怕是想不出这么复杂的含义的。其实，"生隐宫"三字下面有"集解"的文字：

> 徐广曰：为宦者。

这就是对"隐宫"二字的解释。恐怕正是依据这一解释，《资治通鉴》卷七"秦纪始皇三十七年"条的文字写道：

> 生而隐宫（出生后隐藏在宫中）。

"隐宫"二字在《史记·秦始皇本纪》的"三十五年"条中已经出现，下面是《正义》的内容：

> 余刑见于市朝。宫刑，一百日隐于荫室养之乃可，故曰隐宫，下蚕室是。

换言之，"隐宫"二字作为名词读作"隐藏之宫"，作为动词词组则是"隐藏于宫中"，《资治通鉴》是采用了后一种含义，理解为与"下蚕室"同义。赵高虽有昆弟数人，但出生不久就都遭到宫刑，只不过昆弟数人不一定都是同腹所生，关于赵高的母亲还同时说明她被判处了死刑。因此，索隐的刘氏认为昆弟数人都是同一个母亲所生是不太可能的。

要说赵高幼时的灾难是在怎样的情况下发生的，这当然无法断言，但也不是没有可以推测的记录。《秦始皇本纪》"十九年"条在秦军攻灭赵国、俘虏赵王迁的记录之后还写道：

> 秦王之邯郸，诸尝与王生赵时母家有仇怨，皆坑之。

秦始皇的父亲庄襄王曾作为质子被送往赵国，在失意度日中得到富商吕不韦的青睐，吕不韦赠送他一名舞女，舞女生下的就是秦始皇，甚至有人说他是吕不韦的儿子。这名舞女据说是邯郸豪族家的女子，但从常识判断，恐怕是作为奴隶遭到出卖的，因此是在穷困条件下养育的贫家女。秦始皇即位的同时，这名舞女成了太后，她苦难的前半生都在赵国度过，如今征服了赵国，终于能对曾经欺凌自己的仇敌复仇了。此后不久，舞女太后就死了。前后连起来考虑的话，赵高母亲被杀、自己遭受宫刑可能就发生在这个时候。

如果是那样的话，对于赵高来说，秦始皇和宰相李斯就是他不共戴天的仇人。他们不仅是祖国赵国的仇人，也是自己的母亲（有可能还有父亲）以及让自己遭受宫刑耻辱的恨之入骨的仇人。因此，赵高始终期盼着秦国的灭亡，使秦始皇的孩子骨肉相残，公主处以磔刑，连杀害李斯都要在具五刑后腰斩，他采用极度酷刑的理由，似乎就能够理解了。

赵高对蒙氏抱有敌意也是有理由的。根据《史记》的记述，此前赵高犯下大罪时是由蒙毅前去处置的，他把赵高判处了死罪。不仅如此，战国末期秦赵相战，进攻赵国的将军是蒙骜。特别是在庄襄王二年，他攻取了赵国的三十七城，秦始皇即位之初晋阳叛乱，前往平乱的也是蒙骜。蒙骜死于始皇七年，其子是蒙武，蒙武之子就是蒙恬和蒙毅兄弟。

蒙骜死后，经营赵国方面的秦国将军是王翦，但蒙武可能在他手下办事，毕竟蒙武从父亲那里熟知三晋的情况，通晓当地的地理，对于王翦来说是得力的智囊。后来王翦被委以平定楚国大任时，他选拔的副将就是蒙武，从中也可以看出两人的合作很早就开始了。如果是这样，平定赵国后秦始皇亲临邯郸执行杀戮时，蒙武也参与了其中，这样的推测绝不是没有道理的。赵高令秦始皇的长子扶苏连坐，迫使蒙恬自裁，同时杀害了他的弟弟蒙毅。如此，赵高对仇敌秦始皇、李斯和蒙骜三家完成了彻底的复仇。

仅从《李斯列传》来看，赵高不仅仅是宦官，他将大帝国的丞相李斯玩弄于股掌之间，又以二世这样的昏君为背景震慑百官。从《蒙恬列传》来看，赵高因深通狱法而受到秦始皇的重用，尽管他曾犯罪被除去宦籍，但凭借此事获得赦免，重新恢复了官爵。赵高自身也不以刑余之人自居，而仿佛是以赵王遗脉自任的，因此弑杀二世后曾试图自己登上帝位。《李斯列传》记载赵高以兵力逼迫二世时，

> 劫令自杀。引玺而佩之，左右百官莫从；上殿，殿欲坏者三。高自知天弗与，群臣弗许，乃召始皇弟，授之玺。

有人探讨上文中的"始皇之弟"是"孙"字之误，但如果只是

视为保管玉玺的话，秦始皇之弟也是可以的。因为下文中就记载了子婴继位，子婴在《秦始皇本纪》中明确记为"二世兄子公子婴"，因此不需要再多加说明。这样明显的史实，《史记》是不会弄错的。

根据《秦始皇本纪》，子婴虽得到赵高的拥立，但他怀疑赵高的真意，于是和二子密谋道：

> 丞相高杀二世望夷宫，恐群臣诛之，乃详以义立我。我闻赵高乃与楚约，灭秦宗室而王关中。

这样的传闻恐怕是真实存在的，即便不能称帝，至少也要成为关中王。赵高终究不是一介宦官，而是"赵氏孤儿"。

五　荀子和他三个弟子的故事

从上文的内容中大致可以猜测，司马迁在撰写《李斯列传》时，采用无名氏表演的偶语作为粉本，将其整理为列传的后半部分，这一偶语可以叫作《续赵氏孤儿杂剧》，或《赵高和三个仇人的故事》。如果是这样，前半部分的情况也是相同的情况吗？我认为，这是非常有可能的，而且可以根据一些痕迹看出，前半部分同样使用了偶语性质的故事，这里的粉本或许应该取名为

《荀子和他三个弟子的故事》。

《李斯列传》前半部分中常常出现荀子的身影，但这里的荀子并不是纯粹站在儒家立场上所看到的学者荀子，而是被硬拽到偶语之中的荀子。同样性质的荀子及其弟子的故事碎片散见于汉代的各种书里，如果把这些碎片连接起来，作为史料提供给司马迁的话，就能形成一篇不错的故事。

这里的三名弟子是指李斯、韩非子和包丘子（又称鲍丘子）。三人拜入荀子门下一同学习，但求学的目的各不相同。李斯有很强的权力欲，以天下为己任，因此必须出人头地，为了达到目的可以不择手段。韩非子是韩王一族，由于生活在贵族社会中，最想追求的就是名誉，但他不幸患有口吃，所以只能专注于著书立说。在荀子看来，他最想把才能卓越、头脑清晰的李斯和韩非子作为自己学问的传人，但令人苦恼的是，两人都有太多的杂念，无法真正地专注于学问。另一位包丘子认真又潜心于学问，但似乎头脑是最差的。

最早离开荀子的就是李斯。也许荀子还一度提出过反对，但李斯还是坚决辞别了荀子，当时的对话记录在《李斯列传》的开头。

李斯离开荀子后向西进入秦国，成为吕不韦的舍人后获得了面见秦王的机会。当时他大谈帝王之术，献上统一天下的大计，其间的言论也被收录在《李斯列传》之中。

接着是李斯反对逐客令的著名上书,正文下的"索隐"引用了刘向的《新序》:

> 斯在逐中,道上上谏书,达始皇,始皇使人逐至骊邑,得还。

就在越过国境的前一刻被赶上了,这也是偶语惯用的手法。

第二个离开荀子的是韩非子,他不忍看到积弱的韩国被秦国日益蚕食,屡屡向韩王献计整顿国政,但都没有被采纳。直到灭国的前夕,韩王才召来韩非子,让他到秦国游说秦王,以图保住韩国。但是,这一使命没能达成,韩非子自杀,三年后韩国也灭亡了。

《史记》卷六十三《老子韩非列传》中记载,韩非子的才能遭到李斯的嫉妒,他是在李斯的陷害下被迫自杀的。这部分的记载与《李斯列传》相互呼应,颇有偶语的特色。

> 与李斯俱事荀卿,斯自以为不如非。
> ……
> 韩非知说之难,为《说难》。书甚具,终死于秦,不能自脱。
> ……

读《史记·李斯列传》

  人或传其书至秦。秦王见《孤愤》《五蠹》之书,曰:"嗟乎,寡人得见此人与之游,死不恨矣!"李斯曰:"此韩非之所著书也。"秦因急攻韩。韩王始不用非,及急,乃遣非使秦。秦王悦之,未信用。李斯、姚贾害之,毁之曰:"韩非,韩之诸公子也。今王欲并诸侯,非终为韩不为秦,此人之情也。今王不用,久留而归之,此自遗患也,不如以过法诛之。"秦王以为然,下吏治非。李斯使人遗非药,使自杀。韩非欲自陈,不得见。秦王后悔之,使人赦之,非已死矣。

这里叙述了李斯和韩非子是同门的对手,秦王过于赞赏韩非子进一步激发了李斯的竞争意识,韩非著《说难》陈述游说之难,明知如此仍死于游说之地。最后尽管秦王赦免了韩非,但仍因一步之差没有赶上,这与李斯在骊邑被秦王的使者追上形成有趣的对比。可以说,这正是两者有着相同根源的证据。

  根据《秦始皇本纪》,韩非子自杀是在始皇十四年(前233),距离李斯上《逐客论》仅仅过去四年,当时的李斯还没有受到重用,所以他陷害韩非子的说法不过是一种传说而已。另一方面,据说荀子听说李斯当了丞相,担心得吃不下饭。

  《盐铁论·毁学第十八》以文学性的语言写道:

> 方李斯之相秦也，始皇任之，人臣无二，然而荀卿为之不食，睹其罹不测之祸也。

同时根据《李斯列传》，李斯在最得意的时候也想起了荀子的话：

> 曰："嗟乎！吾闻之荀卿曰'物禁大盛'。"

由此看来，即便李斯陷害了韩非子，荀子对此也毫不知情，依然把李斯视作忠实的弟子。不过这是否符合史实就另当别论了，实际上李斯出任丞相时荀子已经不在人世。

关于荀子的第三个弟子包丘子，前文引用的《盐铁论·毁学第十八》几乎是唯一的史料。但那似乎也是出自偶语，如果将它们整合起来，就能形成完整的李斯、韩非子的故事。该书首先记录了政府方面大夫们的话：

> 昔李斯与包丘子俱事荀卿，既而李斯入秦，遂取三公，据万乘之权以制海内，功侔伊、望，名巨泰山；而包丘子不免于瓮牖蒿庐，如潦岁之蛙，口非不众也，然卒死于沟壑而已。

与此相对，作为民间舆论代表的文学之士则主张包丘子的生存方式优于李斯。

> 包丘子饭麻蓬藜，修道白屋之下，乐其志，安之于广厦刍豢，无赫赫之势，亦无戚戚之忧。
>
> ……李斯相秦，席天下之势，志小万乘；及其囚于囹圄，车制（或许是"裂"字之误）于云阳之市，亦愿负薪入东门，行上蔡曲街径，不可得也。

最后一句与《李斯列传》的结尾几乎是一样的。

一般认为，上文的包丘子和《汉书》卷三十六《楚元王传》中的浮丘伯或许是同一人。如果真是这样，他还是鲁申公之师，在《诗经》传承上起到重要的作用。浮丘伯无疑是荀子的弟子，秦朝灭亡后他一直活到大约二十年后的吕后时代，据说还到长安教授弟子，想必是健康而且长寿的。

如果我的推理无误，作为偶语的《荀子和他三个弟子的故事》描写了李斯、韩非子和包丘子三人各不相同的人生观，用于讽劝世人。李斯一心贪图权势，成了秦国的丞相，韩非子热心追求名声，成了天下的名士，但两人都死于非命。只有包丘子甘于贫贱，不被名利所惑，恐怕还会被李斯和韩非子嘲笑无能，但他坚守学问的堡垒，在动乱之中享尽天年。留给读者的问题就是，究竟哪一种才是正确的生存方式呢？

司马迁将这一偶语分成三个部分。韩非子的部分写入《老子韩非列传》，这一部分最接近原来的面貌。《李斯列传》以李斯的部分作为前半部分的底稿，但有关韩非子的部分一概没有触及，以免与《老子韩非列传》产生重复，与荀子的关系也只传达了一部分，所以整体上难免沦为一种很不完整的写法。包丘子的部分全部删去没有使用，这不仅因为给人生经历波澜不惊的人立传没有趣味，同时也是因为和司马迁盛赞隐士的价值观缺少共鸣。

六　结语

《李斯列传》在形式上完全具备了起承转结的节拍，它记述的对象是辅佐秦始皇完成统一天下大业的大政治家，但平心而论，读完后并没有让人产生太大的兴趣，李斯的人物形象也不够鲜明。这究竟是为什么呢？

一直以来，司马迁被奉为不世出的大文学家，我对此难以无条件地接受。因为司马迁的文章非常参差不齐，要说好坏的根源在哪里，那就是他利用了不同的资料。如果材料好，自然文章也优秀，如果需要的材料不齐全，那么写出来的文章也就不完整。这样的情况不只限于司马迁，可以说是历史学不可避免的宿命。

按照我的分析，《李斯列传》采用的材料主要分为四大类。第一类来自比较可信的公文书，例如《奏事二十篇》。第二类是秦汉之交形成的纵横家著述，比起事实更注重议论的《零陵令信》就是其中一种。第三类是民间偶语中以赵高为主人公的复仇故事,我给它起名为《续赵氏孤儿杂剧》,或者也可以称为《赵高和三个仇人的故事》。第四类同样出自偶语系统,可以叫作《荀子和三个弟子的故事》。由于是性质截然不同的四种材料堆砌而成,所以《李斯列传》整体上缺乏凝聚力,内容上也没有首尾呼应。再者前后分别使用了《荀子和三个弟子》和《赵高和三个仇人》两个不同的粉本,而且都是把原本不占主要地位的配角原封不动地拿来当作主角,因此显得十分粗糙。

最成问题的是,读《李斯列传》的后半部分时,总感觉《赵高和三个仇人的故事》的偶语口吻被原封不动地呈现了出来。这一故事在市井中表演时,表演者和听众会同情哪一方呢?恐怕应该是赵高一方吧。因为他是被害者,想要讨伐仇人。汉初人民的体内还流着古代都市国家人民的自由血液,特别是对于秦始皇这一高压统治者的反感,应该还留存在心里。

但司马迁的立场截然不同。对于司马迁来说,赵高终究只是侍奉秦朝后宫的一介宦官,因此他的行为是大逆不道的。如果司马迁是纯粹的民间人士,他可以对赵高抱有同情,毕竟他和赵高都遭受了宫刑这一最大的耻辱。或许正因为如此,他害怕无意间流露出对赵高的同情,那也许会被视作对武帝抱有怨恨。对于司马迁来说,赵高不能成为"赵氏孤儿"。因此,他把原本分成两部分,《李斯列传》中占据重要地位的赵高是在毫无铺垫的情况下突然登场的，而且一登场就几乎霸占了整个舞台。赵高的出身见于《蒙恬列传》，在此就否定了他作为"赵氏孤儿"复仇的权利。

> 赵高者，诸赵疏远属也。赵高昆弟数人，皆生隐宫，其母被刑僇，世世卑贱。

最后"世世卑贱"四个字是什么含义？有上文提到的"疏远属"就可以了，为什么特意加上这四个字呢？司马迁的真意在于，通过赵高的身份宣告他已经失去了为赵国复仇的权利。在此，司马迁与普通大众间出现了巨大的感情隔阂。司马迁是大汉帝国的太史令，作为精英官僚的自负并不会随着宫刑的耻辱而简单地一笔勾销。

汉王朝是推翻秦朝后建立的帝国，但两者在成就大统一上是共通的。因此，司马迁必须为辅佐秦始皇成就统一事业的谋主李斯立传。但实际上，此前并没有以李斯为主人公的材料，因此只能搜集性质各异的各种材料重新书写。至于结果，就是即便在我看来也算不上有趣的列传。司马迁的困惑在卷末的赞中有很好的表达，因为成就如此大业的李斯，展示出来的却都是恶的一面。具体而言，前半部分好不容易拜入大儒荀子的门下，却转向了法家之学。

> 斯知六艺之归，不务明政以补主上之缺，持爵禄之重，阿顺苟合，严威酷刑。

到了秦始皇死后：

> 听高邪说，废适立庶。诸侯已畔，斯乃欲谏争，不亦末乎！

虽然列举了李斯的过失，但司马迁不认为这是本质性的失败，于是最后总结道：

> 不然，斯之功且与周、召列矣。

将李斯评价为差一点就能和周公、召公并列了。进一步而言，他和世世卑贱的赵氏孤儿、荀子弟子中的贫穷隐士都是不同次元的人物。司马迁的贵族主义和精英意识后来被班固继承，而且更进了一步。

如果要在《史记》的列传中寻找最像《李斯列传》的内容，可以举出的有《商君列传》和《伍子胥列传》。他们都在本国不得志，或者遭受迫害而逃到异国，在那里孤军奋战，逐渐站稳脚跟，一时间志得意满建立功业，最后却陷入意想不到的局面，以致死于非命。他们的经历，都是按照起承转结的节拍进行的。

其中最富有生气的就是《伍子胥列传》。这一篇的内容最具有戏剧性，少时遭受的残酷迫害、流浪的经历、惨烈的复仇，以及最后悲壮的结局，仅此就情不自禁地想用乐器为它伴奏了。但是，这又大多程度上是史实呢？尽管伍子胥亡命吴国是事实，但即便没有伍子胥，吴王僚也会被暗杀，吴军也会对楚国发动进攻。伍子胥在这些事件中可能并不是必需的人物，这则故事不如说是偶语家的创作。由于将时代设定为春秋末期这样的古代，战国乃至秦汉的偶语家不必受到史实的束缚，可以在自由想象的基础上进行创作，司马迁恐怕就是将这一优秀的创作直接用作了史料。但时代越是往下，明确的史实带来的制约就越多，内容也变得缺乏文学性，《李斯列传》就是其中一例。

《伍子胥列传》末尾的论赞阐发了司马迁自己的君臣观：

怨毒之于人甚矣哉！王者尚不能行之于臣下。

如果一个人内心充满怨恨，那么连君主也不能使他臣服。这是司马迁受辱于汉武帝之后的拼死抵抗，下文又说道：

向令伍子胥从（兄）奢俱死，何异蝼蚁。弃小义，雪大耻，名垂于后世，悲夫！方子胥窘于江上，道乞食，志岂尝

> 须臾忘郢邪？故隐忍就功名，非烈丈夫孰能致此哉？

这就是认同了伍子胥的复仇。伍子胥是楚国的名族，与世世卑贱的赵高之流是完全不同的人物。

开头提到，《史记》是文史尚未分离时期的作品。因此，如果以历史学的思维加以研究，那么无论多有效的理论，用起来都会像拳头打在门帘上一样毫无手感。反过来如果只重视文学性的一面，仅仅依赖于司马迁个人的境遇和心情，以情绪作为本位进行捕捉的话，展现出来的就是司马迁个人而不是《史记》了。毕竟《史记》虽然有文学性的一面，但更多还是历史性的作品，我们不应埋没了司马迁作为历史学家的苦心。

研究《史记》，最好的方法就是让《史记》自己说话。因此，与其泛泛地挖掘表面，不如看准一处后尝试尽可能地深入钻探。深入挖掘必须时刻防范周围土质的坍塌，容易损坏的器物要尽量保持原样地发掘，在最后阶段，人类柔软的双手是比金属铲子更加重要的工具。也就是说，比起枯燥的理论，从亲身经验中获得的直觉更加珍贵。我们必须有这样的觉悟，在面对《史记》这般来历不明的古典时，虽然研究探讨的对象是《史记》，但实际上进一步叩问的乃是作为研究者的人类本身。

注释

[一] 关于起承转结的考察，我在拙稿《东风西雅录》四（收入《中国古典文学的邀请》，平凡社，后收入《宫崎市定全集》第二十卷）中有简要的叙述。

[二] 关于韩人郑国入秦的年份，可以从《汉书·沟洫志》中逆推得出。《资治通鉴》将这一年定为庄襄王去世、秦始皇嗣位的前247年。

[三] 我关于都市国家的考察有以下几种：

《中国城郭的起源异说》（收入《亚洲史研究》第一卷，又收入《宫崎市定全集》第三卷）；

《中国上古是封建制还是都市国家》（收入《亚洲史研究》第三卷，又收入《宫崎市定全集》第三卷）；

《中国古代史概论》（收入《亚洲史论考》上卷，又收入《宫崎市定全集》第三卷），本书收录；

《战国时代的都市》（收入《亚洲史论考》中卷，又收入《宫崎市定全集》第三卷）。

[四] 我关于偶语、优的考察有以下几种：

《读史札记》（一）《优孟传》（收入《亚洲史研究》第一卷，又收入《宫崎市定全集》第十七卷）；

《东风西雅录》（一）《倡优》（收入《中国古典文学的邀请》，平凡社，又收入《宫崎市定全集》第二十卷）；

《肢体动作与文学》（收入《亚洲史论考》中卷，又收入《宫崎市定全集》第五卷），本书收录。

（《东洋史研究》第三十五卷第四期，1977年3月）

《史记·伯夷列传》新译

—— 中国为个人自觉而生的第一人

译文

　　学者能够使用的文献极多，但绝对可信的记录要数"五经"。尽管《诗经》《书经》中有几处缺文是事实，但关于尧、舜、禹王的重要部分却十分完备。根据其中的记载，帝尧主动退位而禅让于他看中的舜。帝舜将帝位让给禹之前，地方诸侯异口同声地推荐禹，于是试着授予他官职，让他执行任务。数十年间，禹业绩斐然，舜这才将帝位传给了禹。这里想说的是，天下是无可替代的宝物，帝位是无可比拟的传统，所以转让天子之位时必须慎之又慎。但另一方面，也有完全相反的见解。这种说法认为，帝尧曾打算将帝位让给隐士许由，但许由耻于隐士的自尊心受到伤害，于是逃亡隐匿。还有夏朝末年的卞随和务光，他们不愿接受殷商汤王的让位，甚至为此出逃自杀，但不知为何，这两人并不为世人所知。听我的父亲太史公说，他曾登上箕山，在山顶看到了相传是许由之墓的坟冢。孔子在列举古代的圣人、贤者时，详细叙述了吴太伯和周伯夷的事迹，而据我所知，许由、务光等人的品质极其高洁，但孔子却丝毫没有提到他们，这又是为什么呢？关于伯夷和叔齐，孔子说得很明白："他们不穷追过去的伤痛，几乎是忘记了怨念的。这也难怪，因为他们探索着人生的正道，发现正道后就为之献身了。与之相比，怨念之类都是细枝末节而已。"于是，我被伯夷、叔齐的感情深深地打动了，我还找到轶诗来更好地了解他们的事迹，于是又有了新的感慨。原来，伯夷和叔齐是分封在孤竹国的国君之子，父亲因钟爱幼子叔齐，便越过长兄伯夷而将叔齐定为继承人。父亲死后，叔齐又将王位让给伯夷，伯夷以有负父亲遗命为由，坚决不愿接受，于是逃往国外。叔齐见此，便抛弃王位追随兄长亡命。国人迫不得已，只好拥立留下来的次子继位。伯夷和叔齐听说称霸西方的贤君周文王正施行优待老人的政治，决心一起投身于周。然而当两人赶到周时，恰逢文王去世，其子武王正要讨伐殷商的纣王。武王用战车载着父亲的牌位，装成父亲还在人世的样子，正准备率领军队向东方进发。惊讶的伯夷、叔齐连忙去劝阻，他们抱着武王战车的马脖子说道："令尊死后尚未施行葬礼，此时拿起武器称得上是孝道吗？以臣子的身份讨伐君主，这称得上是人道吗？"武王的亲信正要用两人祭旗，太公望见状制止道："不得无礼，此二人品行高洁。"于是救下两人，带离了现场。后来，武王成功灭亡商朝统一了天下，伯夷和叔齐耻于其有违自己的志向，出于意气不愿食用周朝统治之下的谷物。两人退居首阳山，靠采摘山腰上自然生长的薇菜为生。体力不支的他们自知死期将至，于是作歌表达自己的志向："向西登上首阳山啊，采食薇菜以充饥。用暴力对抗暴力啊，算得上正确的政治吗？神农虞夏的黄金时代，就这样堕落了吗？我们的前途看不到任何希望，只能听天由命了。我们的命运是多么惨淡啊！"两人就这样饿死在首阳山上。仅从这则传说来看，他们似乎说不上是没有怨念的。古话说："天道没有偏私，只会帮助善良的人。"伯夷和叔齐，难道不是善人的典范吗？他们积累善行，从不指望回报，结果却免不了饿死的命运。这样的例子还有不少，世间知名的孔子弟子有七十人，其中，孔子最欣赏颜回，称赞他是个好学之人。然而，颜回始终生活在贫困中，有时连冷饭都吃不上，最后还英年早逝了。谁说天道总会给善人带来好运，这太奇怪了！另一方面，看看那些恶人，盗跖总是残杀无辜的人，把人肉做成肉干，带领手下数千人横行天下，可谓残暴之极，结果却能在卧榻上善终。这究竟是什么样的规则？如果要找出两个极端的情况，就是这样的结果了。

这不只是过去的事情，直到最近也还是如此。品行不端、遭人厌恶、无所不为的坏人能够终生安逸，连子孙都享受着富贵的生活；而那些严于求道、言行谨慎，说出的语言生怕伤及他人，行路时都不愿给人带来麻烦的人，却因发表憎恶不公的愤慨之言而遭到意想不到的灾祸,(这并不是我一个人的经历,)前前后后出现了数不清的牺牲者。这真是令人无法理解,究竟天道是不是偏爱善人的呢?

解答这样的疑问,终究还是要依靠孔子的判断。孔子说:"不同道的人之间没有共同的规则。"因为他们都是按照自己的规则在行事,所以只能听之任之。(这里是说每个人都有选择自己生存方式的自由和权利。)孔子还说道:"如果富贵就是最高价值所在,那我甘愿执鞭充当为掌权者指引近路的奴仆;但既然不认为富贵具有那样的价值,那我宁可选择自己喜欢的道路。"(如果要实现自己的志向,往往无法伴随富贵,就免不了成为少数派。)古语说:"到了一年中气候寒冷的时候,松柏那样的常绿树才会引人注目。"当世间上下都堕落的时候,清高君子的存在才会受到瞩目。因为他们深信自己的志向之大无可替代,富贵就如同浮云一般虚无缥缈。

君子深信,即便肉体消灭了,也能够通过留给后世的名声达到不朽,因而坚守着自己的志向。但这有时也是无法实现的,多么令人悲哀啊!贾子(谊)曾说:"贪心的人不惜为金钱而死,勇士为名誉而奉献性命,追求权力者为此不顾生死。但对于一般人来说,生命才是根本。同样微弱的光点并在一起就能照亮彼此,相同意见的人自然会聚集到一起。有龙的地方就会云涌,有虎的地方就会起风,圣人出世,万物就能显示出各自的长处。"

伯夷和叔齐虽然是贤人，但也是通过孔子的话才变得有名的；颜回本来就是笃学者，也是借助孔子的指导完成自己的德行的。岩穴之士有时不被世间知晓，这样的名士如果得不到知遇，他们的事迹就会和时间一起湮灭，被后人所遗忘。这是何等的悲哀啊！更何况生活在俗世中潜修德行，立志将令名传达给后世的有志之士，如果不是聚集有相同志向的人、推戴优秀的领导人，他们的愿望终究是难以实现的。（其实是司马迁暗中自比孔子。）

考证

读《伯夷列传》的第一感觉就是，这里的事迹和《吴太伯世家》太像了！伯夷和叔齐是孤竹君的二子，因父亲想传位于幼子叔齐，父亲死后伯夷虽身为长子却让位于叔齐，但叔齐又想让位给伯夷。于是伯夷逃亡，叔齐也丢下王位出走，国人不得已拥立了次子。而在《吴太伯世家》中，太伯和仲雍都是周太王的儿子、季历的兄长。由于季历之子姬昌深得太王喜爱，太王希望传位于季历，再由季历传给他的儿子姬昌。太伯和仲雍得知父亲的志向后，出走到荆蛮之地为王，太伯传位于仲雍，仲雍的子孙代代继承吴王直至春秋晚期。另一方面，季历的儿子就是周文王，实力超越殷商也依然执诸侯之礼，直到其子武王时才完成革命。这两则故事就像符节一样相合，都是三子中的一人受到父亲的钟爱，长子见状想要让出储位，于是出奔到他国，另一人也随之而去。相似美谈的传主分别放在世家和列传之首，这绝不是普通的巧合，一定是司马迁被两者的行为深深感动，特别是《伯夷列传》中还将两者相并列。

但我们需要考虑的是，司马迁对两者的行为抱以最强的共鸣，究竟是因为他们无法无视父亲志向的孝心，还是因为他们将世俗最看重的显赫地位弃如敝屣的恬淡隐退之心呢？这里可以参照的是《史记》的第一篇本纪《五帝本纪》，这一部分虽然名为五帝，但黄帝和紧接着的颛顼、帝喾都是缺乏人性色彩的造化神，其实不适合作为历史叙述的对象。富有人情味的叙述是从下面的帝尧和帝舜开始的，不过两人的事迹大部分都是罗列观念性的高尚品德，其中以热情的笔调加以记述的，就是从尧到舜、从舜到禹的帝位禅让故事。到这里我们可以得知一个事实，那就是司马迁在撰写《史记》时，本纪、世家、列传的第一篇都安排了放弃君主继承权的故事。这样的一致性绝非偶然，我们能够知道的就是，最打动司马迁心灵的是三者共同的恬淡谦让的行为。

司马迁在著述《史记》时，为帝王、诸侯、庶民分别准备了本纪、世家和列传作为舞台。在他的历史观中，推动社会的原动力归根到底是个人的行动。帝王居于天下万民的顶点，诸侯主宰着一方土地，但他们所结成的集团不过是个人的集合，所以一切都能够还原到个人。事实上，帝王和诸侯本身就是个人，他们必须脱离帝王、诸侯的公共身份，去追求属于个人的生活。因此，司马迁的笔触深入涉及公共人物的私人方面，以至于在今天可能会被视为没有必要。

列传中的人物主要是庶民，他们可以脱离公共的束缚，尽情享受个人的生活。换言之，他们是拥有一切选择权的自由人。但事实上，他们多大程度上享受着自由的选择呢，又是否是真正意义上的自由人呢？伯夷和叔齐虽是诸侯之子，却因个人的自由选择而放弃特权，亡命于他国。第二个选择是听说周的西伯善待老人，于是赶赴周国，结果却大失所望。西伯之子武王身为人臣却起兵讨伐纣王，他拒绝了伯夷和叔齐的劝谏，最终将天下收入囊中。于是两人又做了第三个选择，那就是不屑于食用周粟，跑到首阳山中避世，最终都被饿死了。孔子评价他们的选择说："求仁得仁，亦何怨乎？"司马迁赞同孔子的评价，同时满足于孔子证实了他们是基于自己选择的自由人。虽说已经满足，却也不能置之不顾。他告诉自己，历史学的任务就是记录下这些人的行为，使他们流传于后世。

《伯夷列传》相对而言是一篇短文，其中记载伯夷事迹的部分只占三分之一，其余三分之二都是司马迁的见解。这样比例失调的写法不见于他处，暗示了司马迁对《伯夷列传》是怀着深厚感情的。

直到汉代为止，儒学道德实践中的最大要点就是"让"。无论政治还是人事，都是以谦让精神作为理想来运行的。这种情况发生一百八十度的转变开始于科举的盛行，士人亲自宣扬自己的才能，蜕变成以自由竞争为法则的社会。由此，社会和个人都变得卑贱、凄惨起来。关于这一点，我曾写过一篇小论问世。(《所谓"让"》，《洛味》第三九一集，后收入《独步吟》，岩波书店，又收入《宫崎市定全集》第二十三卷)

原文[1]

夫学者载籍极博，尤考信于六艺。《诗》《书》虽缺，然虞、夏之文可知也。尧将逊位，让于虞舜，舜禹之间，岳牧咸荐，乃试之于位，典职数十年，功用既兴，然后授政，示天下重器，王者大统，传天下若斯之难也。而说者曰尧让天下于许由，许由不受，耻之逃隐。[2]及夏之时，有卞随、务光者。此何以称焉？太史公曰：余登箕山，其上盖有许由冢云。孔子序列古之仁圣贤人，如吴太伯、伯夷之伦详矣。余以所闻由、光义至高，其文辞不少概见，何哉？

孔子曰："伯夷、叔齐，不念旧恶，怨是用希。""求

---

[1] 日版原书在正文之后附有日文训读法，中文版全部省去。
[2] 中华书局标点本此句句读为："而说者曰尧让天下于许由，许由不受，耻之，逃隐。"

仁得仁，又何怨乎？"余悲伯夷之意，睹轶诗可异焉。其传曰：

伯夷、叔齐，孤竹君之二子也。父欲立叔齐，及父卒，叔齐让伯夷。伯夷曰："父命也。"遂逃去。叔齐亦不肯立而逃之。国人立其中子。于是伯夷、叔齐闻西伯昌善养老，盍往归焉！及至，西伯卒，武王载木主，号为文王，东伐纣。伯夷、叔齐叩马而谏曰："父死不葬，爰及干戈，可谓孝乎？以臣弑君，可谓仁乎？"左右欲兵之。太公曰："此义人也。"扶而去之。武王已平殷乱，天下宗周，而伯夷、叔齐耻之，义不食周粟，隐于首阳山，采薇而食之。及饿且死，作歌。其辞曰："登彼西山兮，采其薇矣。以暴易暴兮，不知其非矣。神农、虞、夏忽焉没兮，我安适归矣？于嗟徂兮，命之衰矣！"遂饿死于首阳山。

由此观之，怨邪非邪？

或曰："天道无亲，常与善人。"若伯夷、叔齐，可谓善人者非邪？积仁絜行如此而饿死！且七十子之徒，仲尼独荐颜渊为好学。然回也屡空，糟糠不厌，而卒蚤夭。天之报施善人，其何如哉？盗跖日杀不辜，肝人之肉，暴戾恣睢，聚党数千人，横行天下，竟以寿终。是遵何德哉？此其尤大彰明较著者也。若至近世，操行不轨，专犯忌讳，而终身逸乐，富厚累世不绝。或择地而蹈之，时然后出言，行不由径，非公正不发愤，而遇祸灾者，不可胜数也。余甚惑焉，倘所谓天道，是邪非邪？

子曰："道不同，不相为谋。"亦各从其志也。故曰："富贵如可求，虽执鞭之士，吾亦为之。如不可求，从吾所好。""岁寒，然后知松柏之后凋。"举世混浊，清士乃见。岂以其重若彼，其轻若此哉？

"君子疾没世而名不称焉。"贾子曰："贪夫徇财，烈士徇名，夸者死权，众庶冯生。""同明相照，同类相求。""云从龙，风从虎，圣人作而万物睹。"伯夷、叔齐虽贤，得夫子而名益彰。颜渊虽笃学，附骥尾而行益显。岩穴之士，趣舍有时，若此类名堙灭而不称，悲夫！[1]闾巷之人，欲砥行立名者，非附青云之士，恶能施于后世哉？

---

[1] 中华书局标点本此句句读为："岩穴之士，趣舍有时若此，类名堙灭而不称，悲夫！"

我的中国古代史研究

大正十二年（1923），我上大学本科二年级，此时我选择了东洋史学作为自己的专业方向。但是，困惑随之而来，因为身边找不到任何可读的书籍。如果是西洋史，还有濑川秀雄《西洋通史》等书可以一读，虽然这些书写得也没有什么太大的意思，但读了以后总还是有些好处，至少让人感觉增加了一些知识。然而，就东洋史而言，虽然也有像高桑驹吉《东洋史通览》、樱井时太郎《东洋历史集成》这样相当厚重的参考书，但总觉得这些书都不是历史著作，读了也无法从中了解到历史发展的趋势，只是专有名词日益增多而已。

尤其令人困惑的是古代史这一部分。如果是西洋史，还有像箕作元八《新说西洋史》那样有趣的著作，也有坂口昂《世界中的希腊文明潮流》那样，尽管内容非常高深但却写得人人都能看得懂。即使在英文写作的著作中,我们也还能读到布雷斯特德的《古代史》这样非常优秀的著作。希罗多德、普鲁塔克的著作虽然都属于史料类,但读了他们的译本后多少都有些收获。

但是,东洋史领域却是另外一番风景。林泰辅的《周公及其时代》据说是一部非常有名的著作,但读了以后根本不知所云。西方人的著述中,如夏德(Friedrich Hirth)的《中国古代历史》(*Ancient History of China to the End of the Chou Dynasty*),与中国人写的历史书相比,也几乎没有任何进步。作为基础史料的《史记》,虽然字面上都能读得懂,但哪些部分才是最重要的,对初学者来说实在无法判断。

东洋难道真的不存在西洋那样的历史吗?当然不会。既然这样,那么我们只能归咎于没有人能写出这样的历史著作来。如果真是这样,那谁来写呢?等待别人写出来再读也是一种选择,但既然选定了东洋史学,那么自己就有责任来分担这个任务。不过,我不想写那些谁都看不懂的书。于是,我觉得最紧要的是,首先必须把东洋史的研究至少提高到西洋史的研究水平。我的计划是,首先把西洋史掌握到能够运用的程度,因为不管怎么说,在全世界的历史学研究中西洋历史学是最发达的。在很多方面,西洋的历史或许是世界历史的典型,因此在建构东洋史学体系时,可以将西洋历史作为参照,尽可能建构出相似的形状来,这是最方便也是最安全的。

也许有人会认为我这样的想法太过于一般，既没有什么独创性，也没有什么深刻内涵，只是简单的模仿而已。但是，除此之外难道还有别的什么方法吗？我学生时代流行的各种风潮中，有两种看起来似乎非常有魅力，一种是历史哲学，另一种是唯物主义史观。借助哲学这个权威，历史哲学除了给人一种高尚的感觉外，还令人觉得深奥莫测。只要运用了哲学这种普遍真理，无论哪个国家，无论什么历史现象，似乎马上就升华成通透的气体，只要凭嗅觉闻出这些气体的特性并加以品评，就能构成世界史了。事实上，在我们的同仁之中，一时放弃自己本来的学问，努力迎合黑格尔、兰普雷克特（S. Lamprecht）理论的大有人在。但是，对于这种不论史实而理论先行的态度，我无法赞同。不管到哪里，历史都是以史实为基础的，理论这样的东西必须置于史实之后。历史学最重要的是现场感，历史学的研究必须在这种现场感之上逐渐推进。

唯物主义史观也是日本当时盛极一时的潮流。然而只要看一下日本这些人的研究成果就不难发现，他们的研究非常粗糙。为了彻底颠覆以统治者为主体的资产阶级史学，唯物主义史观主张必须建构以人民大众为主体的历史。这一主张如果真能实现的话，那么也不失为一个正确的史观。但是，日本唯物主义史家的做法只是把原来政府剥削人民换一个说法，改成人民遭受政府的剥削而已。这样的改动又有什么意义呢？更有甚者，在唯物史观的基本原理之上又制造出各种各样的新概念，将这些莫名其妙的概念与史实对照以后就能看出，他们的研究与历史发展体系之间相距甚远，难免让人产生一种一切都是徒劳的忧虑。

赶时髦或许能成为时下的学术明星，然而，历史学研究本来就是一种必须坐冷板凳的学问。模仿西洋史学的学问虽然并不光彩，但我们不得不经历这样一个过程，否则东洋史的学问就无法成长起来。

一　都市国家

一般认为，中国古代尤其是周代，施行的是所谓的封建制，古典文献中也确实这样写着。因此，几乎所有的古代史研究者，都试图通过封建制来解释古代社会。然而，"封建"一词，虽然起源于中国，但通常却是以欧洲中世纪和日本江户时代的政治格局为指标使用着的。尤其是在唯物史观中，封建时代是其按生产力发展水平来确定的历史分期中的一段，指的是介于古代与近世之间的历史时期。换句话说，中世纪与古代截然不同。中国学界的代表性人物郭沫若，将周代的封建与欧洲中世纪的封建制等同起来理解，主张中国比欧洲早一千多年就进入了封建时代，这个学说使历史学界陷入深深的泥潭。这样一来，试图将东洋和西洋放在同一个平台上来追寻人类历史发展轨迹的努力就不可能实现了。还有，在史料的使用上，郭沫若想把甲骨文和金文作为古代史研究的关键资料，这种方法看上去也很危险，我实在无法踵步其后。

我从一开始就对重视周代封建制这种套路抱有怀疑。历史研究中，在重视制度这一点上，我也不甘落于人后，然而，我考虑的制度并不是文本中写下来的制度，也不是学者脑海中演绎出来的理论，而是在历史进程中切实推动社会发展的规律。我在为了掌握春秋时期的史实而阅读《左传》等文献时，即使完全不考虑什么周公制定封建制这一类知识，也能够充分把握历史变动的脉搏，阅读了这些文献以后，甚至能清晰地感觉到推动春秋历史发展的原动力另在其外，可以说这个原动力与推动西洋古代历史发展的原动力具有同样的力学原理，从而发现了春秋时期的历史与古代欧洲历史之间有着较多的类似点。以下我们举数例来加以说明。

我最早关注到的一点，是春秋时期主要诸侯国的都城，与西洋的都市国家在形态及构造上非常相似。在西洋，都市国家的中心通常位于低矮的山丘之上，被称为"卫城"，这里建有祭祀保护神的神殿，如遇上战争，这里也是最后的抵抗据点。在中国，与之相当的被称为"城"，通常也建于高地上，城里有神殿或君主的宫殿。西洋的都市国家，"卫城"的山麓平地上，是市民的居住空间，周围筑有城墙，用来保护居民免受外敌的袭击。中国也一样，"城"外是庶民的居住空间，周围也筑有城墙，这一道城墙称为"郭"，以示有别于内侧君主居住的"城"。这个发现，对后来人来说是一个再明白也不过的事情，可能都谈不上什么研究，但是，在我之前根本就没人提过。因此，我撰写并发表的《中国城郭起源异说》[一]这篇小论文，得到了滨口耕作先生的赞扬。当时，我还没有能够下决心断言春秋时期的诸侯国就是"都市国家"，而在公开场合明确提出"都市国家"这个概念的是次年即1934年发表的《关于游侠》[二]这篇论文。

"都市国家"是什么？关于这个问题，马上就会出现略带神经质的疑问。甚至有人直接指出，在中国古代不能用这个词。然而，只要稍微一想就能够明白。都市国家这个概念，即使是在西洋，也是指一个经历漫长岁月发展起来的聚落。从上古的王政，到后来的贵族共和，再到后期的民主政治，直至最后的崩溃，随着时代的演进，其实质性内涵也在发生着很大的变化。如果想从中抽出几个指标来定义都市国家，认为不符合这些指标的就不是都市国家，这样的议论其实是成立不了的。难道只有将古希腊、罗马曾经存在过的几十甚至几百个都市国家一个一个研究得清清楚楚，然后基于史实，指出中国的国家形态与其中任何一个都市国家都不一样才能令人信服吗？或者，你真的有自信把西亚到印度这一广阔区域内曾经存在过的无数的都市国家全部抹杀掉吗？

我这里所说的"都市国家",更多的是一个历史概念,指的是世界上主要地区国家形态发展过程中的一种模式。在这一模式中,都市国家脱胎于最早的部族国家,然后逐渐朝着领土国家发展,最后发展成为古代帝国。西亚是这样,印度是这样,欧洲也是这样。与上述三个地区有着非常相似的国家形态发展规律的就是中国。我觉得在中国古代史的发展过程中,将领土国家的前一阶段设定为都市国家,并不是什么不可思议的事。

当然,就全球而言,也有没有经历过都市国家阶段就直接进入中世纪时代的地区,也有没有被整合到古代帝国范围内就直接进入中世纪时代的地区。日本就没有经历过都市国家阶段,而是从部族国家一下子就迈进了古代帝国。莱茵河以东的中欧地区,既没有经历过都市国家,也没有经历过古代帝国,似乎一下子就迈入了中世纪的门槛。当然,这些地区特殊的历史发展进程各有其原因,这一点无须在此阐述。

唯物史观具有排斥都市国家这一概念的倾向。即便如此,中国学术期刊《历史研究》1984年第3期上发表的侯外庐的论文中,也使用了"城市国家"这一表述,或许侯外庐也已感觉到使用这个概念的必要性。今天在我们看来已经非常熟悉的概念,侯外庐却非常谨慎地做着各种解释,其目的或许是为了不违背马克思主义的原理,这让我回忆起"二战"期间日本国内的一些情景。

二　姓与氏

我的第二个发现是构成都市国家市民群体的姓氏制度，在这一点上，中国与罗马有着非常相似的结构，这在个人的命名上表现得尤其明显。[三]

春秋时期各都市国家的市民有三个名字。一个是表示血统而永久不变的"姓"，一个是从姓中分出来、因居住地或世袭官职而形成的习惯性称呼"氏"，还有一个是来自于父母、完全属于个人符号的"名"。周代共有百余个姓，所以有"百姓"一说，这与后来日本用来蔑称农民的"百姓"不同，反而是对上流市民的统称。姓也是婚姻的单位，同姓之间是不能结婚的，婚姻一定要在异姓之间缔结。周王以及与周王同宗的各国国君均姓姬，姬姓女子一定要嫁与诸如姜、姒等他姓的男子，出嫁后的女子按其血统被称为"姬"。后来"姬"这个字逐渐演变成身份高贵的女子的通称，即使不是周王系统的他姓女子也被称为"姬"，这个习惯一直延续到近代。由于"姓"这个字是"女"字旁，一时间学界将之视为母系社会的残余，但事实并非如此。女子从出生到结婚，一生都用姓来称呼，这可能是"姓"字用"女"字旁的真正原因，因此，除姬姓外，姜、姒等姓也都用了"女"字旁。

与女性不同，男性则普遍称氏，很少有称姓的。作为个人符号的"名"，不管男女，在公开场合通常都是要回避的，因此，出现了用来代替"名"的第二称呼，这就叫"字"，人们相互之间都习惯称"字"。

之所以说中国的姓氏制度酷似罗马的氏族制度，是因为中国的姓、氏、名，可以分别与罗马表示"氏族"的"族名"、表示"家族"的"姓氏"和表示"个人"的"本名"对应。例如，罗马普布利乌斯·科尔内利乌斯·西庇阿将军的名字中，普布利乌斯是本名，属个人，科尔内利乌斯是族名，属氏族，西庇阿是姓氏，属家族，由于将军是男性，所以通常都会省略族名，只称姓氏和本名，即普布利乌斯·西庇阿。但同一家族的女性，则通常不称姓氏，只单称族名，即科尔内利乌斯。关于罗马的氏族结构，几乎所有的概述书中都可以看得到。不过，罗马这种与中国相同的女子称族名男子称姓氏的习惯，在任何文献中都找不到，我是在田中秀央以《新拉丁语语法》为教材的拉丁语课上获知的。拉丁语在欧洲就像是汉文在日本一样，中等教育阶段就要普遍学习了。由于这些内容在历史教育上会反复地讲述，成了众人皆知的史实，因此很多情况下就无须重复了，但日本编定的西洋史概说书，也把这部分内容省略，这就有点对不起读者了。

女子称族名具有重要的意义。也就是说，氏族是婚姻的单位，同时也意味着婚姻权的拥有，只有拥有婚姻权的男女之间生下来的孩子才会拥有市民权。

众所周知，在古代罗马，氏族是市民权的象征。市民权由任官权、参政权、所有权、婚姻权这四种权利构成。当罗马还是很小的都市国家时，市民权只不过是单纯的自由民地位的象征，然而，随着罗马势力的逐渐强盛，一个自由的市民就成长为拥有特权的贵族，同时，不拥有市民权的庶民则会掀起反歧视运动，长期阶级斗争的结果是，市民权不仅被广泛给予罗马市的市民，而且还被给予帝国疆域内的全体人民。市民权的问题最终得以解决。

同样的过程，在中国也一定存在。前面已经提到，春秋时期与周天子同宗的各都市国家，存在着以姓为基础的氏族制度。有姓的家族就是士大夫，没有姓而只能称氏名的就是庶民。庶民是纳入不到礼制中去的社会底层，其来源或许是被周天子征服的原住民，也有可能是新加入的移民。虽然中国没有留下罗马那样阶级斗争的记录，但从结果上来看，其所经历的道路是一样的。到了春秋末期，礼崩乐坏，氏族制度出现大乱，进入战国以后，姓、氏开始混同，氏也往往被称为姓。这样一来，上古时期的同姓不娶，就被慢慢转读成同氏不娶，在以后漫长的历史时期作为具有法律效应的规则一直被遵守着，直到最近才趋于消失。

〔补记〕

这篇文稿交到《古代文化》编集委员会手中是去年（1984）

十月二日。此后不久，即十一月下旬，我看到了在此不得不提及的两种书。一种是《西岛定生博士花甲纪念·东亚历史中的国家与农民》（东京，1984年），该论文集收录的论文中有五井直弘所撰《中国古代城郭史序说》一文，该文的第一部分（第2—3页）中这样说道："宫崎氏将殷商到春秋时期视为都市国家时期、战国时期为领土国家时期、秦汉时期为大帝国时期，这种非常独特的古代国家发展阶段学说，是在一系列的聚落形态研究基础之上得出的。"第二种是东京大学出版会出版的影山刚著《中国古代的工商业与专卖制》（东京，1984年）。在该书的最后一章（第477页）中介绍道："与这种古代都市的普遍性质相关，在中国古代都市论方面，提出最重要、最具独创性见解的，是宫崎市定及其与中国古代都市相关的多项研究。"为了更好地理解本文的趣旨，可以一并赐读五井直弘和影山刚二位的大作。

三　聚落

我的第三个发现，是东西方古代聚落的形态非常相似这一事实。[四]一个地域之所以能够发展成为都市国家，一般说来，在此之前，这里就必须是适合一般聚落形态的地点。关于这一点，我欣然接受了坂口昂博士《世界中的希腊文明潮流》中的说明。据博士的说明，古代希腊、罗马的聚落，即使再小，也会呈现出都市国家的形态来，几乎所有的人民都集中居住在这里。这样的状态一直残存到今天。例如坐上火车在意大利西南海岸那不勒斯一带行走，车站总是设在大小不同的聚落附近，然而车站与车站之间的原野上，几乎看不到任何人家。谁都不愿意在田野中单家独过，哪怕是外出耕作的农民，日落以前也都会回到聚落中的家里，或聚集在"市"中社交娱乐。

如果说中国古代社会与之完全相同，其实这也很好说明。中国古代的聚落，不管是大是小，都被称为"邑"。这个"邑"就是用围墙即"郭"围起来的共同体，这一个一个的邑，就是都市国家的原型。《说文》解释邑为"国也"，也就是说，邑和国这两个字的字义完全相同。根据中国的古老传说，上古时期天下有万国，这意味着当时存在着无数的小邑。弱肉强食相互攻伐的结果，邑的数量大大减少，到春秋初期就只剩下一千二百国，到了战国就只剩下七个强国，再后来就被秦统一了。

无论是上古时期号称有万国的邑，还是成长起来成为势力强大的都市国家，其居民大多数为农民，这一点与古希腊、罗马的都市国家是一样的。居住在城郭中的农民，每天早晨走出郭门去自己的田地劳作，日暮时分回到城郭之中。郭门会在天黑时关闭，直到第二天天亮才会开启。离郭墙较近的农田称作"负郭之田"，由于这里进出方便，因此地价也比较高。与之相反，同是位于郭墙附近，但如果是在城内，那么这样的地点就只能称为

"穷巷"了，通常是贫民居住的进出不便的地方。每个邑都几乎无例外地有四边形的郭墙围绕，四边各开一门，称为郭门。东西郭门之间的大道与南北郭门之间的大道交汇后形成十字街，十字街附近的城郭中心地区是交通便利的高级地块，而负郭穷巷则是远离交通要道的偏僻之处。

我发表了这样的观点以后，有一部分反对意见是非常奇妙的。因长城附近发掘出孤立的汉代民居遗址，因此他们主张并不是所有的人民都必须居住在城郭之内。然而，在幅员广大的中国，在极其漫长的古代，而且又是接近古代尾声的汉代，又是远离中原的长城附近，发现的遗址又几乎是孤例，因此很难成为反证。其实，这样的现象反而证明我的观点是正确的。

基于上述假设，才能说明汉代的聚落形态。汉代的聚落单位有乡、亭、里等名称，前人在解释乡、亭、里这些名称时都非常踌躇，以至于得不出合理的解释来。在汉代可信的记录中，有"十里一乡""十里一亭""十亭一乡"的说法，初见之下是有矛盾的，因为要给出同时满足这三个条件的解释，在逻辑上几乎是不可能的。

然而，如果按照我的假设，这三个条件是可以解释的。首先，汉代的乡和亭，它们的前身都是上古时期的邑，是周围建有城郭的聚落。与其相比，里则是城郭内部的区划，每个里大约一百家，周围也建有围墙，只有一处供出入的里门，这个里门称作"间"。

这样的解释，首先就能顺利说明"十里一乡"和"十里一亭"这两个条件。不过，我们又不能拘泥于"十"这个数字，只能把它理解为十个左右的里构成了乡或亭，这十个左右的里，包含在四周建有郭墙的都市之中。总的来说，乡的规模比亭大，但是，乡和亭在本质上并没有什么区别。

其次，"十亭一乡"又意味着什么呢？我是这样考虑的：大致将十个亭规模的聚落集在一起划为一个地域单位，这个具有行政意义的区划就称为乡；同时，选择一个占据最重要地位的亭，将其指定为乡行政的中心，而这个亭既保留了原有亭的建置，同时又冠以乡的名称。也就是说，"乡"有两层意思，一层是作为行政区划的乡，另一层是这个乡范围内最重要的中心聚落。这是中国从古到今通行的惯例。例如县，既是一个区域相当大的行政区划，同时也可以指管辖这一区域的行政中心——县城或者县衙。府也是这样。管辖着好几个县的府，是地域更加宽广的行政区划，同时"府"这个字又可以用来指称治所所在地的府城或者府衙。在这种情况下，府城同时又是县城，两者是重叠在一起的。乡和亭的关系亦然，两者也是重叠在一起的。省的情况也一样，省城同时是府城，也是县城，在同一座城市里，同时设有省、府、县三级行政机构。这样的情况后来有所改变，废除了府一级的行政区划，省直接管县。

《汉书·地理志》中记载了全国县（含道、国、邑）、乡、亭的统计数字，共计有县一千五百八十七、乡六千六百二十二、亭两万九千六百三十五，一县约辖四个乡，一乡约有四到五个亭。这是全国平均数据，史料中出现的"一乡十亭"，也许是看惯了都城附近人口最稠密地区的人观察到的现象，反过来说，那些偏僻且人口稀少的地区，一乡三亭、一乡二亭，甚至一乡一亭的可能性并不能排除。在这种情况下，亭下的里数也会极少，一亭三里、二里，甚至一亭一里的可能性也不能排除。一个里的户数，文献中经常出现的是百户，在人口稀少的僻地，肯定是到不了一百户的。《论语》中出现的"十家之邑"，在现实中一定也是存在的。

湖南长沙马王堆汉墓出土的汉代长沙国南部舆地图带给我们的信息，反映的正是这样一种现实。地图中标注为"里"的聚落很多，这正是因为一个里就是一个亭的缘故。因此，在行政上应该是亭的聚落，现实中还是用其所处的里来称呼的。

四　里

古代的里，动辄被翻译成村落，但我不赞成这样的做法。所谓村落，应该与日本现今看到的村落一样，民宅散落在各处，虽然有个大致的范围，但既没有明确的界线，也没有整体上的出入口，只是散漫的集合体而已。这种形态的村落，在中国古代是不存在的，直到汉末魏晋时才慢慢出现。中国古代的"里"并不是这样散漫的住宅集合体，而是由郭墙围起来的城郭中的一个区划。这个区划四周也有四方形的围墙，只开一个门供人们进出，这个门就称为"闾"。可见，里是一个人口密集的居住空间。[五]这个结论，是我长期梳理各种文献后归纳出来的，而且我相信，这个结论在各种文献的各种场合中都能适用。

整合好几个这样的里，在外面再筑起郭墙，就形成一个小都市，这就是汉代的亭和乡。亭、乡规模的小都市，郭墙上通常开四个门，人们的出入只能通过郭门，如果不经郭门而翻越郭墙出入，在当时要受到严厉的处罚。还有，郭门每天天亮时开启，天黑时关闭。这些设施和规定均出于治安和防范的目的。里四周的围墙以及里门间的设置，也出于同样的目的。

里内的居民只能从一个里门进出，这样的古制，不用说给居民的活动带来了很大的不便。尤其是要往与里门相反方向去的时候，就得绕很多远路。于是到了秦汉时期，为了解决这种结构给人们带来的不便，一种新的里制开始出现了。这就是将两个里背靠背地连在一起，两个里共用一道里墙，然后在这道里墙的中部开一道门，允许居民通行往来，而这道新设的门被称为"阎"。《说文》释阎为"闾里中门也"，这里不能读成"里中的门"，必须读成"阎是里的中门"。之所以这么说，是因为接下来的注中说："别于间闬为里外门也。"意思是说另外尚有间闬作为里的外门。这里的"里外门"三个字，只能读成"里的外门"，因此与之对应的"里中门"三个字也就只能读成"里的中门"了。总之，将"里中门"读成"里中的门"是错误的，判断依据就是"里外门"无法读成"里外的门"。

所谓"中门"，辞书中是这么解释的：当门有三重时，位于第一道外门与第三道内门之间的第二道门。尽管如此，在没有第三道内门的情况下，把位于外门之后的第二道门称为中门似乎也未尝不可。再者，在南北两个里背靠背地连在一起的情况下，北边的间是里的北门，南边的间是里的南门，两个里隔墙上的阁自然就成了里的中门。由于设置了里中门"阁"，两个里背靠背地连在一起，这样就大大方便了这两个里居民的出入，同时又保留了旧制下一里一间的特征。作为里中门意义上的"阁"字，出现得并不早，任何一种早期文献的正文中都找不到，目前所知最早的是《荀子·儒效篇》，因此可以推测这种制度似乎要到靠近战国末期的秦代才开始出现。之所以纠结于这些琐事，是因为这与秦始皇"发闾左"戍边的暴政有关。所谓"闾左"，是指居住在进入闾门后南北向大路左侧的民众，"发闾左"就是指强制性征发他们去服兵役。这里，如果南北两个里背靠背地连在一起，那么在说闾左时，左右的位置就会完全相反。《史记索隐》解释闾左是贫民的居住区，闾右是富民的居住区，然而两个里被里中门

"阎"连接在一起的情况下，通过阎门进入另外一个里，贫富区域马上就颠了个个，这有点令人费解。因此可以判断《索隐》的解释或许只是基于左、右这两个字的字义做出的推测。

进入闾门后，里内民居林立，每家每户住宅的四周也都建有围墙，以便与邻家分开。邻居间的往来，也必须先走出自家的院门，沿着街巷进入邻家的院门，这与出入里时一定要出了闾门才能进入另一个里的道理是一样的。闾的左右都有些空地，在这些空地的一角建有被称为"塾"的小屋，闾中的孩子也经常到闾门附近的空地上来玩，有的是时间的老人也会集中到这里来打发时

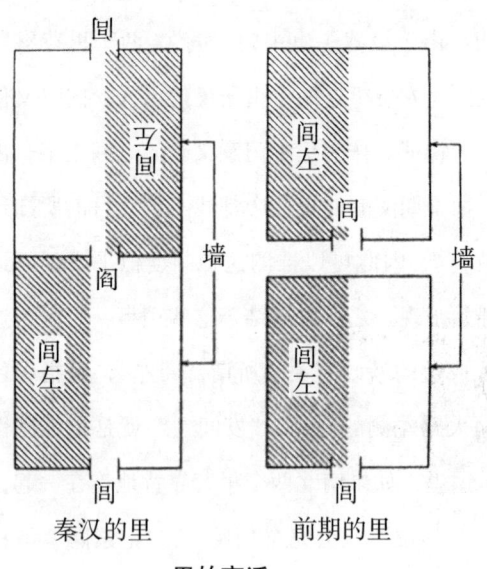

里的变迁

间。有些特别热心的老人也会在塾里召集孩子，给他们讲故事，教他们玩游戏，这就是私塾的源头。然而，塾最初是为负责启闭闾门的人而建。

春秋战国时期，在一些繁华的都市里，把相当于一个里面积的空间指定为商品交易的场所，这就是"市"。商人居住在市中，列肆销售商品。这样的市场，与罗马的广场相同，不单是为销售商品设置的商业空间，同时也是市民交际娱乐的场所，当然也有饮食店，也有供应酒肉的酒家。市场中央的广场上可以搭建舞台，有表演音乐、舞剑、对口相声等节目的各种艺人，市民围着他们听得津津有味。在人口聚集的市场，也不乏政治言论。利用这个舞台进行政治鼓动，集结民众力量，朝着军事行动发展的事例也不是没有。

五　古代史特有的发展进程

从上述情况来看，不得不认为古代中国与希腊、罗马世界几乎具有同样的形态，沿着几乎相同的道路发展而来。然而，它们又是距离遥远的两个不同的世界，因此又不得不注意，不能将两者的任何方面都视为完全相同。作为具体的史实，最明显的差异就是中国没有经历过西方世界的那种民主政治的发展阶段，这又是因为什么呢？

关于这个问题，我考虑了很多。最主要的原因，我觉得是中国都市国家的发展尚不够充分，而中国的都市国家之所以未能充分发展，是因为中国过早地进入了领土国家的阶段，而过早进入领土国家的原因，又在于周边异族的兴起。

如果按照中国原有的发展道路，春秋应该是都市国家的全盛时期。然而，春秋时期最活跃的是所谓的"霸者"，而这些被称为"霸"的国家，此时已经跨入领土国家的门槛，建立起强大的集权体制。这些霸者中最著名的可以举出齐桓公、晋文公、楚庄王三人。在我看来，这些霸者中，楚国不用说是公认的异民族国家；齐国和晋国，在我看来其实也是与周王属于不同体系的异民族国家。[六]如果将之与古希腊相比，齐、晋既非雅典，亦非斯巴达，也不是底比斯，而是与马其顿相似的存在。如果在雅典与斯巴达争战时期，马其顿已经有足够的能力来加以干涉的话，那么古希腊那样的民主政治似乎就很难发展起来。

然而，如果说中国既没有发展出民主政治，也没有发生阶级斗争，于是与希腊、罗马历史之间就完全找不到可供比较的领域，是完全不同性质的存在，就是没有道理的了。这也许是我个人的武断，我觉得希腊、罗马的民主政治给后世带来的影响也许是无法估量的，但是，作为历史，这种民主政治在当时并不一定具有决定性的影响，只是我们今天的教科书将其过分美化罢了。即使是最具代表性的民主国家雅典，它也是从上古的王政体制出发的，在实行民主政治的过程中，同样会时不时出现通过非法途径取得主权的僭主，出现伯里克利那样的独裁统治者，此后还出现了故意制造谣言煽动群众的政治倾向。就罗马而言，其国内或许确实实现了民主政治，但这个时期与它对周边国家的侵略和征服是重叠的，而当罗马认可全部领土范围内的民众皆能享有罗马市民权的时候，民主政治早已被帝制所取代。中国虽然表面看上去是君主政治一贯到底，但另外一面，作为都市国家统治者的有姓贵族没落以后，向来遭受蔑视的庶民成长了起来，在所谓的市民权中，他们确确实实获得了其中的任官权、婚姻权和所有权这三种权利，只是没有获得参政权而已。这是汉帝国统治下的实情，与汉帝国几乎同时的罗马帝国，此时的参政权早已名不副实。综合考虑这些史实，从最终结果上来看，两者的状况可以说几乎是一样的。以都市国家为出发点，其间经过领土国家阶段，最终跨入古代帝国，如果将这一历程视为古代史所特有的发展道路，那么我觉得东洋和西洋的古代史几乎是平行向前发展的。

以上就我自己的古代社会史研究，非常简要地介绍了自己力所能及的几个方面。但是这里还留有一个很重要的问题，那就是，既然东西方古代史的发展道路基本上是平行的，在重要的历史节点都能完成同样的超越，那么这样的平行现象又意味着什么呢？一些学者动辄就主张人类社会的发展具有一定的历史规律，世界不同地区的人们，或早或迟，都会按照设定的发展阶段一步一步向前发展。然而，如果将按照造物主设定的轨道向前奔跑的过程看成是历史的话，这样的历史就不是人类的历史，而是造物主的历史。如果是这样来写历史，那么根本就不需要历史学家，还不如把这项工作交给泥金画的工匠，因为他们做出来的东西更加漂亮。

问题不在于此，而在于造成这种平行现象的更广阔的环境。对于那些自己几无判断，不假思索，毫无理由地将其视为真理的历史观，我们必须从根本上重新加以探讨。

一直以来，我们习惯于把东洋和西洋之间的距离无限放大，放大到根本无法触及的地步，从中学到大学，东洋史的教科书与西洋史的教科书完全是不一样的，授课的教师往往也是不一样的。虽然近来有将两者合在一起编成名为世界史的教材，但如果只是将原本不同的东西洋教材缀合在一起的话，内容上不会有任何改变。事实上，东洋史与西洋史之间，并不存在那种无法超越的断层。两者都处在同一块没有裂缝的大地上，并且紧密地联系在一起，因此，东西洋的历史也绝不会是在完全不同的世界中发生的完全不同的历史，而是像通了电那样，是相互关联持续发展的历史。

最早传授给我如此真实的信息并启发我思考的，是京都大学梵文学的第一代教授、已故的榊亮三郎博士。博士在1931年京都大学文学部的夏季讲座上，以"上古波斯与古代印度"和"中世纪波斯与中国、日本"为题，连续做了八次讲座。听讲以后的我，感动得难以言表，我当年一直抱有的疑问，因为听了这次讲座，一下子就全部消除了。

博士讲座的大要是，世界文化的根源在西亚，将之集大成的是古代波斯帝国。在波斯帝国强大势力的影响下，西亚文化也向东西两方传播，在西方促成了罗马帝国的形成，在东方促成了印度孔雀王朝的出现，更促成了中国秦汉帝国的诞生。这才是真正基于宏大构想之上的古代史概观。在这样的认识框架下，东方的古代中国与西方的古希腊、罗马，以位于两者之间的西亚为媒介平行向前，经历了古代史特有的发展阶段，这一点都不奇怪。博士的讲座内容，在这里无法全部叙述，我想以后总会有机会做详细介绍的。

注释

[一] 宫崎市定：《中国城郭起源异说》，《历史与地理》第三十二卷第三期，京都，1933年。后收入《亚洲史研究》第一卷，京都，1957年，又收入《宫崎市定全集》第三卷。

[二] 宫崎市定：《关于游侠》，《历史与地理》第三十四卷第四、五期，京都，1934年。后收入《亚洲史研究》第一卷，京都，1957年，又收入《宫崎市定全集》第五卷。

[三] 宫崎市定：《中国古代史概论》，《哈佛·燕京·同志社东方文化讲座》第八册，京都，1955年。后收入《亚洲史论考》上卷，东京，1976年，又收入《宫崎市定全集》第三卷。

[四] 宫崎市定：《中国聚落形态的变迁》，《大谷史学》第六期，京都，1957年。后收入《亚洲史论考》中卷，东京，1976年，又收入《宫崎市定全集》第三卷。

[五] 宫崎市定：《汉代的里制与唐代的坊制》，《东洋史研究》第二十一卷第三期，京都，1962年。后收入《亚洲史论考》中卷，东京，1976年，又收入《宫崎市定全集》第七卷。

[六] 宫崎市定：《五霸皆夷狄考》，见《东洋朴素主义的民族与文明主义社会》第一、二部分，京都，1940年。后收入《亚洲史论考》上卷，东京，1976年，又收入《宫崎市定全集》第二卷。

（《古代文化》第三十七卷第四、五期，1985年4、5月）

中国制度史研究

一　古代中国的赋税制度

当有人问起我的专业时，只回答中国史恐怕无法让自己满意，但若进一步追问的话，一瞬间会觉得非常困惑。有时是中国经济史，有时是中国社会史，还有时会回答中国制度史。其中，社会史最接近我的期望，但实际的研究更接近于经济史，又因为制度史最容易解释清楚，所以最近通常会回答制度史，但不管哪一种都有些意犹未尽的感觉。

大学毕业第八年的昭和八年（1933），我发表了第一篇称得上论文的研究成果，那就是刊登在《史林》上的《中国古代赋税制度》[一]，文中阐明了中国古代人民向政府承担的负担可以分为人头税性质的赋和财产税性质的税两大类。当时有关中国古代的研究尚未起步，所以我在选取租税这一经济问题的同时，还必须说明社会的基本状况。根据我的结论，中国古代与欧洲古代非常相似，也就是和希腊罗马一样的都市国家繁荣的时代。因此，那里的市民权倍受重视，拥有市民权的人就是士，他们凌驾于没有市民权的庶民之上参与政治。士为了显示自己的特权，通常具有姓、氏、名三种称谓。这是都市国家形成之前古老氏族制度的残余，与古代罗马的制度是完全相同的。具体而言，姓相当于罗马的"族名"，是数量有限的血统团体；氏相当于罗马的"姓氏"，是根据住地和职业的姓的分支；名相当于罗马的"本名"，也就是个人的名称。同姓者具有相同的血统，因此同姓之间的婚姻是被禁止的，女性嫁到异姓家中，通常以本来的姓作为称谓，这一点也和罗马相同。与此相反，男性以氏作为称呼，只有在特殊情况下才称姓。中国和罗马的氏族制度存在共通之处，这就暗示着在更古的时代两者必定居住在同一个文化圈中。士是都市国家本来的成员，所以一旦有事就必须拿起武器，这既是义务，同时也是光荣的权利，因此称之为"赋"。与之相对的庶民则是后来加入国家的人群，他们不具备完全的市民权，既不能称姓，也不允许持有武器，但必须依据国家的需要被征发从事劳动，这就叫作"役"。

士与庶民之间的阶级性差别大约在春秋时代的三百六十年间逐渐消解，最终彻底消失了。随着国家间兼并战争的不断激化，进入战国时代后只剩下七个强国，其间的社会状况也发生了巨大的变化。首先看到的就是君主权力的强化，各国国君都使用与宗主国周朝一样的王号。军事制度也得到强化，由于临时召集的士人数量不足，进而征发庶民加入队伍，其间士和庶民的区别逐渐消解，都变成强大王权之下没有差别的人民。再者由于战争激化，国王从人民中挑选强壮者组成常备军，一般人民原则上不用承担兵役的义务，但作为补偿必须征收金钱，这样的负担就被称为"赋"。即便进入汉代，赋依然以人头税的形式向人民征收。伴随着士和庶民区别的消解，姓和氏也开始混同，人民可以用姓或氏称呼自己的家名，但实际上是姓消失了，完全转变成了氏。尽管如此，同姓不娶即同姓之间不能结婚的习俗，却以同氏不娶的习惯法形式一直延续到现代。在尊崇儒学的朝鲜半岛上，至今仍存在这样的习俗。

除了作为人头税的赋，还存在着财产税性质的租或税。在都市国家的原型中，城郭外广袤的田地都是国家所有，国民耕种这些土地，并将收成的大约一成交给国家。由于这是用来祭祀祖先的，因此被称为"租"；又因为是从收获的谷物中征收的，所以称作"税"，"税"的偏旁"兑"就是分割的意思。后来田地被市民分割私有，庶民的所有权得到了承认，接下来的问题不再是士和庶民间的阶级差异，而是富民和贫民间的经济水平差异了。进入汉代以后，富民剥削劳动者成为重大的社会问题。

中国古代市民的负担大体可以分为赋和税两大类，如果是这样的话，历来被经济学家视为难题的《尚书·禹贡》所见的

"赋"和"田"自然就能够解释了。赋是军赋的赋，田是田税，田租的意思。

二 关于晋武帝的户调式

汉末三国的大规模战乱给中国古代社会造成深刻打击，在废墟上诞生的就是中世纪性质的社会。这一时期推行新政策的是魏武帝曹操，他将战乱中的无主荒地收归国有，把背井离乡的流民壮丁编入军队，每人分配一定的土地耕种，收成的大约一半作为地租上缴，这就是魏国的屯田法。军人平时从事农耕，战时服军役，魏国因此兵多粮足，得以在三国中称霸。曹操的新田制成了中国中世普遍实行的土地国有政策的第一步，这一点已经成为研究者的共识，但是关于这一政策是如何传承的还有不明确的地方。解开这一问题的关键，在于如何解释晋武帝在统一天下之后颁布的名为"户调式"的新税制。

在我看来，历来的研究者都错读了《晋书·食货志》中记载的户调式的正文。户调式中出现了课田和占田两个词语，一直以来都被解释为分割田地给人民的意思。但我不同意这种看法，课田和占田是互不相同的两种税法。课田法继承了曹魏的屯田法，将国有土地分给人民耕种，收取比较重的田租。占田法则与此相反，依据人民的地位承认其拥有的田地，上交比较轻的田税。这样一来，天下的土地被分成国有土地和私有土地两种，这就是中国中世通行的土地法，唐朝的制度也不超出这一范围。具体来说，唐代的均田法基本上直接继承了课田法，也就是分割国有土地给人民，制定租庸调杂徭作为课户的义务。但唐朝并不是所有人都是课户，此外还有很多不接受土地分配的人民，他们只要缴纳较轻的赋税，所以是继承了占田法。

我在昭和十年（1935）发表过《关于晋武帝的户调式》[二]，学界支持和反对的声音都很强烈，但现在几乎所有研究者都转而赞成，这篇论文在中国也有翻译。

三　唐代赋役制度新考

唐朝的均田令和律令被一起输入日本并依据国情加以推行，了解日本的田制也有必要研究唐制，因此出现了许多有关唐朝均田法的论文。不过，历来的学者在解释法令条文时，都沿袭了普通的汉文译读法，因而没能注意到其中还有特殊的用法。比如在条文的书写过程中，就存在着被我称为"限满法"的用法。

在定立盗窃罪时，现在一般会这样写：

盗绢一尺以下者笞五十。一尺以上，一疋以下杖六十。一疋以上，二疋以下杖七十。

但为了使文章简洁,有时也可能不使用"以下"部分,而只用"以上"部分。

  盗绢者,微量亦笞五十。一尺以上杖六十。一疋以上杖七十。

这样写已经很明白了。但唐令正文中用"满"表示"以上"的意思,"微量"则表达为"零",因此写作:

  诸窃盗,不得财笞五十,满一疋[1]杖六十。

有时甚至认为出现数字就是满的意思,所以把"满"字也省略了。因此当我们接触到最终的条文时,必须通过与上述说明相反的顺序来理解其完整的含义。

  唐代均田法中的租、庸、调三者没有疑问,问题是杂徭的期限。唐制称:

  诸正丁充夫(杂徭),四十日免役。

---

[1] 根据上下文意,此处的"一疋"应该是"一尺"之误。

役就是正规的劳动，正丁的义务是二十天。杂徭是较轻的役，做满四十天就能免除二十天的正役。我们从这条条文进一步考虑，如果不满四十天又如何呢？由于没有任何的记载，只能解释为没有别的补偿。换言之，唐朝地方官厅对正丁至多有三十九天使役杂徭的权利，再换言之，我们就得到了正丁的杂徭义务在三十九天以下的结论。

我在昭和三十一年（1956）发表过《唐代赋役新考》[三]，通过上述方法以杂徭和堪称杂徭变形的番役为中心进行考察，结论认为唐代均田法下人民的负担有租（＝力役十五日）、庸（＝力役二十日）、调（＝力役十五日）和杂徭（＝轻役三十九天以下）四种，它们的根源都是劳动，也就是徭役。应该说这样的力役才是原型，之后虽逐渐演变成为米租、绢调、钱庸等纳物形式，但纳物绝不是本来的形态。接受土地配给的人民只以劳动力形式支付地租，从经济史角度而言这是最具有中世特色的徭役劳动的典型。不过唐代的徭役劳动逐渐纳物化，这就意味着已经进入了中世纪色彩淡薄的中世纪晚期。

唐朝后期均田法无法维持，开始制定全新的两税法，人民拥有土地所有权，根据土地的生产力以纳金或纳物的形式缴纳租税。以后土地问题不再是政府参与的制度问题，而是民众之间剥削与被剥削的问题了。

中国制度史研究

四　科举

我的制度史研究到宋代以后不得不改变方向，把中心移到官僚制问题上来。这时的首要问题就是官僚地位的获得，也就是官吏选拔方法的情况。

战争中我曾依托于政府外围团体[1]之一的东亚研究所，从事过清代官吏选拔制度的研究。说起清朝的官吏选拔，必然是以科举制度作为中心。我逐渐对科举研究产生兴趣，其间发觉在日本竟没有一本关于科举的专著。于是我把收集的资料整理成一册书出版，那就是《科举》[四]。仿佛是在等待脱稿一般，随后我就接到军队的召集令到地下建设队工作了半年，战败归乡时刚好组版完毕。在战后最悲惨的岁月里，用粗劣新闻纸印刷的书自然不会被世间接纳。更何况那是外国过去的制度，顶多是把"科举"错看成"科学"，拿起来翻了几下而已。此后经过近二十年，世间逐渐稳定下来，我在书店的提议下重新撰写了简略版，以相同的标题作为新书出版。不可思议的是，这次却得到世间瞩目，直到最近已经再版四十余次，英译之后还推出了意大利语版，在我的著述中算得上畅销书了。这并不是因为书本身写得好，而是因为

1　政府外围团体：在日本是指不属于政府组织，但由政府出资赞助，从事完整业务的团体，也称"监理团体""出资法人"等等。

完全没有类似的书籍。实际上我国虽自诩盛行中国学，但对于如此重要的事项却没有任何专著，这就太奇怪了。拙作恰好起到了补足缺漏的作用，也许是因为之后也几乎没有类似的著述，一说到科举仿佛就是我的专长，甚至还把我当成科举研究的专家。更有趣的是，连我那本粗劣的旧书，也作为古书被炒到很高的价格。直到最近，这本书又以文库本形式再版，可见需求量之大。

但实际上，科举的问题再怎么研究也很难期待会有新的发明和发现。毕竟这是旧中国读书人最关心的事情，与此相关的文献资料浩如烟海，而且都有一定程度的整理和解说。作为日本研究者，问题只在于如何介绍到我国，因此只要具备一般的阅读中国文献的能力，恐怕谁都能得出相同的结论。只不过研究对象持续的时间过于漫长，研究者往往望而生畏，对其敬而远之，而我的鲁莽挑战却得到了意外的收获，这就是事情的真相。

但是另一方面，学问的目的不只是给专业的研究者带来有益的新发现，使专业之外人群中的有志之士开启思考，这也是重要的使命。如此想来，即便以《科举》作为代表评价我的学问，似乎也没有必要感到自卑。

五　九品官人法研究

既然研究了科举，接下来的问题自然就是在此之前实行的九品官人法。九品官人法是从三国曹魏建国（220）开始，直到引入科举之后才退出历史舞台的官吏选拔法，尽管至今已经有很多研究，但都没能得到令人满意的成果。究其原因，首先就是名称的问题，一直以来都使用着意义不明的九品中正制这一称呼，这就是错误的根源所在。九品中正制的名称是宋代以后才出现的，我们应当回到最初的名称，也就是九品官人法（用九品以人为官）的称谓。以人为官的说法，早在《墨子》中就有出现，意思是选拔官吏。九品通常指上上、上中、上下、中上直到下下的九等，但是现实中一般称作第一品、第二品以至于第九品。现实情况理应如此，看看《汉书》的古今人物表就能够理解：上上的人物是古代的圣人，下下则是被世间摒弃的劣等愚人，官场中要是混进这样的人物就糟糕了。

新的九品分为两种。一种是官僚地位的等级，这样的官品制一旦确定就会一直沿用到后世，甚至衍生为在日本沿用至今的九等位阶。第二种是给予官吏候选人的评价等级，制定这一等级是地方州郡任命的中正官。在曹魏制度中，中正先给官吏候选人确定品级，中央吏部再授予适当品级的官职，这就是九品官人法的精神。但历来的研究都没有弄清，官职品级的官品与中正给候选人评价的乡品之间存在怎样的对应关系。在我看来，中正给出的乡品是默认候选人在任官之后一生会有四个阶段的晋升，最后能够到达的官品等级就被评定为乡品。比如认定候选人将会达到二品官，确定其乡品为二品，中央吏部就会授予其六品的起家官。当此人实际升到二品官时，除非中正将他的乡品改为一品，否则就只能止于二品。从实际情况来看，一品官主要是王室一族，因此乡品一品不授予宗室以外的人。一般的家庭最高就是二品，他们的子弟通常会被授予六品的起家官。

九品官人法的本意在于广纳人才，期待其充分发挥政治上的才能，因此中正的评价无论如何必须以个人的才德为中心。但是事与愿违，这一制度在实施过程中很快就贵族化了，成了贵族维护既得利益的一道铁墙。因为中国社会进入东汉以后，贵族的生成和发展倾向十分显著，引入九品官人法越发助长了这样的趋势。在这一制度中，中正官起到了重要的作用，在任命中正官时，政府必须听取地方的舆论公平决定，但所谓的舆论不过是地方权势贵族或豪族之间的舆论，结果中正的评价难免会对贵族豪族的子弟有利。加上实际授予这些子弟官职的中央吏部官僚本身就是名族出身的贵族，所以九品官人法一开始就是中央和地方贵族相互依存的人事制度。因此，中正的评价与其说是个人的才德，不如说是门第的问题。本应依据个人才德决定的乡品沦为各家族既得利益的确认，形成一个以二品之家为顶点、依据门第高低堆积而成的贵族群金字塔。这就是从三国起贯穿六朝，具有中国中世特色的贵族制度的实体。

隋文帝结束了长期的南北朝分裂，建立起中央集权的国家。

为了打击至今盘踞政界谋求私利的贵族群,他提出的方案就是推行科举(587年左右)。从此以后,希望进入仕途的个人凭借实力通过考试才是正道。不过贵族制度并不是立刻消失的,唐朝时候还存在着高官之子不经科举就能任官的任子制度,然而高官子弟不通过科举就无法获得世人的尊敬。宋代以后科举进入了全盛时期。

六 何谓"中国制度史"

回头来看,我从大正十四年大学毕业后直到昭和三十一年(1956)出版《九品官人法研究》[五],研究适龄期的大半都花在了中国制度史的研究上。最初从事中国租税制度的研究,后来切换为官僚制的问题,但我自己并不认为这是转换了目标,所以丝毫没有抗拒感。

其间,我曾有机会到法国留学,在那里我感觉到,当地在历史研究时往往是从"institution"研究出发的。日语中没有与之对应的词语,如果一定要翻译的话就是"制度",但其实它的含义更加广泛,法制、官制自不待言,财政、经济、社会组织、习惯,甚至于战术,都可以归入"institution"之中。我所说的中国制度史中的"制度"也不是一般理解的狭隘的意思,而是作为"institution"的翻译,我为这样的定义感到满足。因此,租税、田制、官僚制，都不是相互独立的问题，其实只是同一事物的不同表现。更进一步说，我的研究最终想知道的不是中国的"institution"本身，而是中国自身的真相，制度研究不过是手段。因此只要觉得有必要，超越制度史本身的框架，将一般认为属于文学、哲学领域的问题一并纳入，这丝毫没有违和感。正因为如此，我才会有《水浒传——虚构中的史实》[六]《论语新研究》等著述。

如果允许我继续说一些不客气的话，为了知晓中国的真相，还需要将中国与中国以外的文化圈进行对比。我最初尝试将中国与中国北方少数民族进行比较，出版过小书《东洋的朴素主义民族与文明主义社会》[七]。接着又与日本比较，刊行了《日出之国与日暮之处》的考论。甚至在世人还不抱以关心的时代，为了解西亚的实情而进行了一个多月的阿拉伯世界之旅，并把当时的见闻整理成小册子《菩萨蛮记》问世。这样看来，我的研究似乎是无限拓展没有边界的，若要展示本心的话，我认为给历史学的对象划定边界本身就是不可能的。怀揣着这一颇为不逊的信念，这样的结果可谓理所当然。

注释

[一]《中国古代赋税制度》,《史林》第十八卷第二、第三、第四期(《亚洲史研究》第一卷,后收入《宫崎市定全集》第三卷)。

[二]《关于晋武帝的户调式》,《东亚经济研究》第十九卷第四期(后收入《亚洲史研究》第一卷,又收入《宫崎市定全集》第七卷),沈兆麟抄译:《晋武帝之户调式》,《史学消息》第一卷第五期。

[三]《唐代赋役制度新考》,《东洋史研究》第十四卷第四期(后收入《亚洲史论考》中卷,又收入《宫崎市定全集》第八卷)。

[四]《科举》,秋田屋,1946年;中公新书,1963年;中公文库,1984年(后收入《宫崎市定全集》第十五卷)。*Schirokauer, China's Examination Hell,* Weatherhill, 1976. *L'inferno degli esami-Studenti mandarini e fantasmi nella Cina imperiale,* Torino, 1988.

[五]《九品官人法研究》,东洋史研究会,1956年(后收入《宫崎市定全集》第六卷);中公文库,1997年。

[六]《水浒传——虚构中的史实》,中公新书,1972年;中公文库,1993年(后收入《宫崎市定全集》第十二卷)。《论语新研究》,岩波书店,1974年(后收入《宫崎市定全集》第四卷)。

[七]《东洋的朴素主义民族与文明主义社会》,富山房,1940年(后收入《宫崎市定全集》第二卷);《日出之国与日暮之处》,星野书店,1943年(后收入《宫崎市定全集》第二十二卷),中公文库,1997。《菩萨蛮记》,生活社,1944年,1986年中公文库改题为《西亚游记》出版(后收入《宫崎市定全集》第二十卷)。以上三书均收入《亚洲史论考》上卷。

(《学术月报》第四十三卷第八期,1990年8月)

解　说

砺波护

宫崎市定（1901—1995）学问的特色，在于通过对具体问题的实证研究，重新对亚洲历史展开整体性把握，并将之置于世界史的发展历程中以确定其历史意义。对历史学家而言，通史研究才是终极目标，而宫崎就为我们留下了《亚洲史概说》（中公文库）、《中国史》（岩波全书）等通史性的杰作。

在中国历史分期问题上，宫崎在继承内藤湖南（1866—1934）宋代近世说的基础上，对这一学说做出了部分修正和发展，提出中国历史发展四段论，即：有史以来至东汉晚期为"古代"，从公元220年开始的三国时期到唐末五代为"中世"，从960年开始的北宋到清朝灭亡的1911年辛亥革命为"近世"，中华民国以后为"最近世"，即近代。关于"近世"和"最近世"

的分界线，宫崎本人先后也有过一些变动，最初是将西方对中国产生强烈影响的鸦片战争（1840—1842）作为两者之间的分界线的，但后来对其做了修正，将中国"最近世"（近代）的开始时间改成推翻延续两千余年帝制的辛亥革命。

前文提到的《中国史》，是宫崎迎来喜寿的晚年写下的一部通史性概说书。虽然是一部概说书，但却是他在深入思考了历史是什么、历史分期是什么这些历史学的终极问题之后，用豪迈的笔致对五千年中国历史展开的叙述。在这部概说性通史问世以前，宫崎就以中国为中心的东洋各个时代的历史，或以史论的形式，或以概说的形式，陆续出版了多种著作。

1950年11月初刊的史论《东洋的近世》（教育时代社）单行本，是有关历史分期争论的必读书目。去年即1999年，由我负责编集出版了中公文库本《东洋的近世》。这个文库本，除收录《东洋的近世》单行本外，还收录了《中国近世生业资本的借贷》及《宋代以后的土地所有形态》《明清时期的苏州与轻工业的发展》诸篇，这几篇实际上是《东洋的近世》之所以能够成立的论据。收入文库本《东洋的近世》中的四篇论文，是基于社会经济史观对近世历史特征做出的明快诠释。在《东洋的近世》单行本出版半个世纪以后，将这四篇一并收录，构成了宫崎以宋代以后为近世这一学说的完整论考。关于"中世"，1986年11月为河出书房撰写的《彩版 世界历史》第七卷《大唐帝国》，是对三世纪三国鼎立到十世纪五代十国的中国历史展开的概说，二十年后加上《中国的中世》这个副标题，也列入中公文库系列之中。这次，为了与《东洋的近世》对应，编集了由八篇史论构成的《东洋的古代》。

这次收录到《东洋的古代》中的诸文，大致可以分成三组。最初的《中国古代史概论》（1955年初版）和《东洋的古代》（1965年初版）是两篇基于讲演稿完成的论文。第二组是以司马迁的名著《史记》为考察对象的三篇，即《〈史记·货殖列传〉所见物价考》（1954年初版）、《肢体动作与文学》（1965年初版）和《读〈史记·李斯列传〉》（1977年初版）等三篇论文与《〈史记·伯夷列传〉新译》。最后是其在虚龄85岁和90岁，亦即其人生最晚年的时候总结自己的研究历程写下的两篇学术回顾。

最初的两篇讲演稿中，第一篇题为《中国古代史概论》，是京都同志社大学在哈佛燕京学社资助下主办的"东方文化讲座"的讲义，是二十世纪五十年代中期宫崎基于世界史的立场对中国古代社会发展历程做出的简洁明了的概观。虽然只是一种非卖品的单行本，但印制面世以后，马上引起不小的轰动。讲演稿否定了早于春秋战国即东周时期之前的西周的存在，提出了所谓的"西周抹杀论"，这个说法给学界带来了巨大冲击。

宫崎大学本科的毕业论文，是围绕南宋灭亡前后北方民族与中国社会交往问题展开的，他在此后的一段时间内也专攻宋史研究。不久以后，他的兴趣便转向了中国古代史的研究。年纪轻轻就成为第六高等学校教授与第三高等学校教授，担任的主要课程是"东洋史概说"。然而，当时却找不到一本值得信赖的东洋古代史参考书，于是他只能自己来撰写古代史各领域的论考。到了1933年，他发表了本书第42页中开列的两篇内容厚重的论文，即《古代中国赋税制度》和作为试论的《中国城郭起源异说》，在学界首次提出与古希腊一样中国古代也存在过"都市国家"这一著名论断。

首唱"都市国家论"二十年后，宫崎极其简单地用图示表述了中国古代史的发展脉络，即从氏族制度，经青铜时代的都市国家、铁器时代的领土国家，到秦汉时发展成为古代帝国这个强大的人类协同体。这个发展体系，就是本书第7页展示的图，而"东方文化讲座"上这场"中国古代史概论"的讲演，就是对这个图表极其简明的阐述。

顺便一提的是，具体操办那次"东方文化讲座"的是曾经师事京都大学中国哲学学科小岛祐马教授的同志社大学内田智雄教授，他先后将系列讲稿编集成十四种16开的单行本（1954—1959）。第一种就是小岛祐马的《中国的政治思想》，小岛门下重泽俊郎的《中国古代合理性思维的演变》、木村英一的《中国固有思想中的舍身与祈祷》，以及平冈武夫的《汉字的字形与文化》等也被网罗其中。在历史研究方面，宫崎的这篇《中国古代史概论》之外，安部健夫的《中国人的天下观念》、田村实造的《北亚历史世界的形成》也被一并收录。由于同志社是一所基于基督教教义的大学，因此佐伯好郎的《中国景教衰亡的历史》也被收录其中。

1960年8月，宫崎出席了于莫斯科举办的国际东方学者会议和于斯德哥尔摩举办的国际历史科学大会，会议结束后途经西欧各国回国。当年10月底，他又作为巴黎大学的客座教授前往法国赴任。次年即1961年4月，他在法兰西学院以"中国汉代的都市"为题做了两场报告，披沥了自己"都市国家论"的学术观点。演讲的原文刊登在《通报》第四十八卷，日文论文《汉代的里制与唐代的坊制》(《东洋史研究》第二十一卷第三号）的前半部分，吸纳了这部分内容。5月底，宫崎在巴黎的社会科学高等研究院做了题为"中国易占的发展"的讲座，讲演文稿投寄给了《纪念保罗·戴密微中国学论集》，但这部论集五年后才刊出，而相应的日文论文则未见问世。6月从法国回国后，宫崎在京都只住了四个月，又因受邀为哈佛大学客座教授而赴美，次年夏天才回到国内。

在迎来花甲之年的前后，宫崎在法国和美国生活了将近两年。这期间，宫崎通观中国历史，发现从上古以来就存在着类似今天世界上出现的景气波动现象，并认为景气的波动给社会几乎所有方面都带来了深刻的影响，如果站在景气波动这个视角上观察历史，经济也好文化也好，都可以同时纳入视野，甚至历史分期问题也可以从这个视角来加以修正。这个构想的第一次运用，是在为同事吉川幸次郎所著《宋诗概说》写的书评（1963年7月）。这篇书评收进了前面提到的中公文库版《东洋的近世》。

1963年11月2日，宫崎在京都的史学会大会上做了题为"东洋的中世"的演讲。演讲的梗概被整理成《六朝隋唐的社会》一文，在次年5月刊行的《历史教育》第十二卷第五期特集《六朝隋唐的制度》上作为首篇正式发表。在这一篇不长的论文中，宫崎用"不景气的时代""无视人权的时代"和"政局不安的时代"这三个极其明晰的小标题，对东汉至唐末的中国社会做了高度的概括。这篇文章，我在编集宫崎著《中国文明论集》（岩波文库）时将其收录其中。

在"东洋的中世"演讲后的半个月，宫崎在东京驹达的东洋文库秋季东洋学讲座上，做了题为"东洋的古代"的演讲。演讲结束后，宫崎补齐讲座时省略的史料出处，写出同名学术论文，两年后在《东洋学报》第四十八卷第二、三期上发表了连载，这就是本书所收录的论文《东洋的古代》。这篇论文从聚落形态的发展到大土地所有形态的形成，再到庶民地位的变动，论点非常丰富，但概括起来主线只有一条，即以景气波动史观来描绘中国古代史的发展轨迹。

本书收录的第二组论文均为以《史记》为对象展开的讨论，

其中发表最早的是《〈史记·货殖列传〉所见物价考》，载于京都大学文学部编《五十周年纪念论集》（1956年11月，京大"以文会"刊）。这部论文集的编辑委员会主任正是宫崎本人。

在这篇论文中，宫崎对《史记·货殖列传》中记录的西汉武帝时期的物价一览表，给出了全新的解释。关于"陆地牧马二百蹄，牛蹄角千"这段记载，一直以来的解释是：马二百蹄，计五十匹；牛蹄角千，计一百六十七头。"马二百蹄"折算为五十匹，这一点没有疑义。但是，"牛蹄角千"折算出来的一百六十七头这个非整数字，总觉得有什么地方错了。在此，宫崎从动物学的分类中找到了答案。马是奇蹄目动物，而牛却是偶蹄目动物。牛有前后四条腿，那么就有八个蹄，加上双角就是十。"牛蹄角千"，正确的理解应是牛一百头。这个崭新的解释，宛如乔治·西默农侦探小说中梅格雷探长解开谜团一样，让人感到惊讶与满足，令人恍然大悟。

在此还有个说明。在本书校对过程中，中公文库编辑部的小林久子女史指出第119页第16行中的两处"四百钱"是否是"四千钱"之误。这个意见非常精到。不过，包括第120页的第一表在内，这个数字涉及下文的多处论述，仅修改这一处也无法理顺文义，故这里暂且保持原貌。

接下来的一篇《肢体动作与文学——试论〈史记〉的成书》，是作为东洋史学者的宫崎在退休之际向中国语言文学研究室吉

解说　289

川幸次郎和小川环树主编的学术期刊《中国文学报》第二十册（1965年4月）投的稿。这篇论稿基于《史记》的文本，从行文风格上探讨《史记》成书的一个侧面，提出了又一崭新的观点。宫崎仔细体味了《淮阴侯列传》中韩信钻过市井恶少裤裆和《刺客列传》中荆轲追着刺杀秦王的那一段，结合《项羽本纪》中著名的鸿门宴场面中那些反复叙述的现象，认为司马迁对这些场面的叙述，取材于肢体语言丰富的表演场面，并认为与后代的小说《水浒传》有着诸多的相同之处。

至于这些故事的表演者及表演场所，宫崎认为虽然不排除各诸侯国的专业优伶在宫廷中表演的可能性，但更大的可能性是民间说唱人在各都市的"市"中表演。古代社会的"市"，不单纯是进行商品交换的场所，也是市民的休憩场所，更是有闲阶层消磨时间的娱乐场所。宫崎这样说道，古时候的人，一个故事往往会反复地说上很多遍，听故事的人也会乐此不疲地听上很多遍，正是在这样的反复听讲过程中，故事的情节才会越来越洗练。对文学而言，民众才是伟大的创造者、充满理解的批评者和宽容心极强的培育者。正是因为司马迁有选择地吸纳了民间说唱故事中的部分内容，与班固的《汉书》相比，《史记》在史实之外又带入说唱人的一些发挥，这一点是无法否认的。如何才能非常有趣地书写历史，这至今都是个令人烦恼的问题。

第三篇《读〈史记·李斯列传〉》，刊登在宫崎1956年开始担任会长的东洋史研究会主办的《东洋史研究》第三十五卷第四期（1977年3月）上。这里顺便提一下，直到去世，宫崎都一直担任着东洋史研究会的会长，但加上引注的学术论文，这一篇是最后一篇了。此后，在通史性质的《中国史》（1977—1978）、岩波新书《解读〈史记〉》（1979）、中公新书《谜一般的七支刀——五世纪的东亚与日本》（1983）之外，还写下了难以计数的随笔，异常活跃。然而喜寿以后，一向以强韧自负的宫崎，精力也开始日趋衰耗。

这一篇对《史记·李斯列传》做出的详细论考，是对前面介绍的《肢体动作与文学》中提出问题的进一步展开探讨。宫崎指出，《史记》可以视为作为科学的历史学与作为艺术的文学尚未完全分离时期的一种史学尝试。在阐明《史记》的文本问题之后，宫崎进一步对其展开了历史学的探讨。《史记》列传有七十卷，之所以选择《李斯列传》作为分析对象，宫崎说道，首先是因为这篇传记在七十列传中最具中国式作文的节拍和特征，按起、承、转、结四段描述李斯的一生，起伏跌宕，将情节推向高潮。其次，这篇传记也是从战国以前的口耳相传阶段转向基于文书记录撰写史学著作这一过渡时期的作品，兼具口耳相传和文书记录两种性质。但是，《李斯列传》并不是把收集到的各种口传材料和文书记录按年代顺序排列起来那么简单，而是在预先设定的文章结构框架下，按起、承、转、结的节奏，写尽了李斯波澜壮阔的一生，将其视为一部连续剧亦未尝不可。

在与《史记》相关的三篇论考之后，收录了《史记·伯夷列传》的最新译本。由于这一篇没有收进《宫崎市定全集》（岩波书店刊）中，因此我在这里对其成文经过多费点笔墨加以说明。

1987年4月，中央公论社编辑部的佐藤优，带着他们编辑部编辑出版的井上光贞监译本《日本书纪（上）》（下卷于同年11月刊行）来到京都见我，希望我能怂恿宫崎出来挂帅监译《史记》的七十列传，以便与井上光贞监译的《日本书纪》相呼应。我第一时间向宫崎转达了这个意思。宫崎听说后，考虑到自己刚做完包括新译文在内的《论语新研究》"译解篇"，在古典译著方面有了更大的自信，因此愿意将自己的余生托付给中央公论社的《史记列传》新译这项事业。

不过，在译注的体例上，宫崎提出了自己独特的设想。已出《日本书纪》的体例是将现代语译文全部排印在前面，然后才是注释和原文；然而关于《史记列传》新译的体例，宫崎提出在《史记列传》各卷的内容排序上，前半部分用新体字上下通栏排现代语译文和相关考证，后半部分用旧体字上下两栏，上栏排印《史记列传》原文，下栏排传统的日式训读文，并希望我来负责前半部分的现代语翻译，同时负责全书的监译工作。经与佐藤优多次商议，《史记列传》新译本决定分五册出版。不久以后，做出了按这一版式排列的样稿。宫崎亲手执笔了《史记列传》的

第一卷《伯夷列传》的现代语翻译、考证、确定原文，并完成了训读文。打印出来并经过宫崎红笔校正的文稿，成了以后各卷译注工作的重要参照。

《史记列传》新译工作一直进展到了第十五卷，此时，宫崎因专心于《宫崎市定全集》各卷卷末跋语的撰写，译注工作一时中断。这期间，佐藤优因病亡故，宫崎也年过九十，屡次出现健康问题。《全集》最终顺利出版了，但《史记列传》新译只做到第十八卷《春申君列传》，没有能够有始有终。

还有一点要说明的是，原计划列于现代语译文之后的考证一项，并不是所有卷都有，从列传第二到列传第四就没有考证这部分内容。但是，在《孙子吴起列传》的"战国时期的三大战术家"这部分内容中，就设置了两条考证，一条是孙武传中的"左，视左手；右，视右手"，另一条是孙膑传中的"驰逐重射"。宫崎对这两条做了如下考证：

> 虽然我们知道这是一场让四马驾车赛跑赌博的游戏，然而，这样的赛跑是一对一的赛跑呢，还是像今天赛马场那样让马匹一起跑，我们无法知晓。解决这一问题的关键是最后出现的"卒得王千金"一句，这是田忌与齐王一对一赛马，以三比二取胜，最终获得齐王所下千金赌资的意思。那么，这里就要问了，田忌下了多少赌资？如果按赌博的基本

解说　293

规矩，田忌也应该下注千金，但田忌是否有这么多钱却是个疑问。如果跟齐王赛马的人都是零赌资，那么今后愿意参赌的人就会越来越多，齐王一方也会吃不消，所以参赌一方也会下注与自己身份相应的赌资。这样一来，文中的"与王及诸公子逐射千金"一句，就应该把它理解成"王及诸公子赛马，赌资时达千金"。《史记》的这段记载不便于理解，所以在译文中按照这个意思对语序做了调整。

这里补充一句，秦始皇陵出土了两组四马驾车的铜马车实物模型，其中一组在昭和六十二年八月开始在大阪天王寺博览会上连续展陈了三个月。中国《诗经》中出现的"四牡有骄"（《硕人》）、"四俪济济"（《载驰》）、"驾彼四骆"（《四牡》）等歌词，咏唱的就是这样由四马牵引的马车。

西亚、欧洲其实也曾广泛流行四马牵引的马车，并将之用于竞赛。

此后，宫崎又指示要在相应之处配上两幅插图，一幅是含有四马驾车场面的西亚浮雕，一幅就是经修复的秦始皇陵出土铜马车照片。宫崎说到的大阪天王寺博览会，指的是"金龙金马与动物国宝展"，而展出秦始皇陵出土铜马车复制品的，实际上是次年即1987年4月至9月初在奈良举办的"丝绸之路大文明展"，铜车马是其中"丝绸之路·佛教传来之路"这一部分中的特别陈列品。

秦始皇陵园的西部，经钻探发现有四处地下陪葬坑，在第二区北侧的一个东西长七米、南北宽两三米的土坑内，出土了两组随葬的铜马车模型。这个地点位于秦始皇陵封土的正西方向，马车面朝西，似乎正从封土侧向西奔驰。靠近封土一侧的被编号为

中公文库本《东洋的古代》书影

二号马车,二号马车西侧的被编号为一号马车,经修复用于展陈的是四马牵引的二号马车。

年轻时曾当过陆军辎重兵的宫崎,对马匹有着丰富的知识,经常将马匹作为话题,强调中国四马驾车的形式起源于西亚。因此,这次在编集《东洋的古代》时,特地将秦始皇陵铜马车发掘现场的照片作为封面的装饰。照片非常清晰,正中是一号马车,一号马车后侧能看到二号马车的一部分。

卷末是两篇宫崎自撰的学术回忆录《我的中国古代史研究》和《中国制度史研究》。其中,曾在《学术月刊》上刊载过的《中国制度史研究》,是与宫崎1989年11月荣获"文化功劳者"名实相副的一篇。

最后想提一下的是,一生伴随宫崎的贤内助宫崎松枝夫人,于去年9月5日突然仙逝,享年虚龄94岁。这一天,也正是他们的长女一枝的生日。这之间,不知是什么缘分。

2000年1月25日

译后记

宫崎市定是日本东洋史学界的巨擘，也是第二代京都学派的代表人物，一生著作等身，以其敏锐的洞察力和广博的学术视野，在学界享有崇高的声望。早在二十世纪六十年代，商务印书馆就曾推出宫崎的论文选集，但由于"内部读物"的限制，能够接触之人甚少，自然也未能引起学界足够的重视。进入新世纪后，经过各界学人的不懈努力，宫崎市定的作品再次进入国内，《九品官人法研究》《宫崎市定中国史》《宫崎市定亚洲史论考》等优秀论著陆续与中国读者见面，社会上悄然刮起了一股阅读宫崎的热潮。

关于《东洋的古代》这个书名，有两点需要说明。第一，中公文库本原著题为《東洋的古代》，日语中"的"字的含义与中文略有不同，通常表示一种状态或某种性质特征，因此准确的中译名应为"具有东方特征的古代"。然而，前人在翻译时多将日

译后记　297

文标题中的"的"字直接转换成中文"的"字，如《概括的唐宋时代观》《东洋的近世》等，这些译名现已得到学界的广泛认同，本书及其核心篇目的题名也都沿袭了这一惯例。第二，书名中的"古代"并非国内史学界所说自先秦到鸦片战争前的漫长时段，而是京都学派历史分期法中的专业用语，通常特指中国有史以来至两汉时期的历史与社会。

本书共由八篇相关论文构成，内容涉及先秦秦汉时期的政权演进、土地制度、市民生活以及历史书写等，可以视为宫崎市定对中国古代社会的集中阐释。在古代社会的多项性质特征中，"都市国家"是其最核心的概念。"都市国家"一词源于希腊语的polis，英译为city state，日本学者将其译作"都市国家"，中文通常称之为"城邦国家"。二十世纪八十年代侯外庐先生在探讨中国古代社会问题时，考虑到不同语境下的用词区别，曾经以"城市国家"代替"城邦国家"。鉴于"都市国家"是宫崎市定中国古代史研究的重要命题，同时也是理解世界古代史的关键词之一，为避免产生歧义，本书在翻译过程中力求保留原貌，统一采用了"都市国家"的说法。

本书的翻译工作由张学锋（京都大学文学博士、南京大学历史学院教授）、马云超（南京大学历史学硕士、南京大学中国思想家研究中心研究人员）和石洋（京都大学文学博士、中国社会科学院历史研究所助理研究员）三人承担，马云超负责全书的校订、统稿工作，具体篇目的分工如下：

  中国古代史概论　张学锋 译

  东洋的古代　马云超 译

  《史记·货殖列传》所见物价考　石　洋 译

  肢体动作与文学——试论《史记》的成书　马云超 译

  读《史记·李斯列传》　马云超 译

  《史记·伯夷列传》新译　马云超 译

  我的中国古代史研究　张学锋 译

  中国制度史研究　马云超 译

  解说（砺波护）　张学锋 译

  本书是"观潮丛书"的一种，据悉《东洋的近世》也已纳入该丛书之列，诚为学界幸事。丛书主编李森先生业务娴熟，待人谦和，为本书的出版付出了辛勤的努力。拙译付梓之际，谨致以衷心的感谢！

马云超
2018 年 2 月 于南京大学